二战经典战役系列丛书

# 对决大西洋

白隼 编著

图文版

北方联合出版传媒(集团)股份有限公司

万卷出版公司

ⓒ 白隼　2018

**图书在版编目（CIP）数据**

对决大西洋 / 白隼编著. — 沈阳：万卷出版
公司，2018.8
　　（二战经典战役系列丛书）
　　ISBN 978-7-5470-5019-4

　　Ⅰ. ①对… Ⅱ. ①白… Ⅲ. ①第二次世界大战战役 –
海战 – 史料 Ⅳ.①E195.2

　　中国版本图书馆CIP数据核字（2018）第169120号


出 品 人：刘一秀
出版发行：北方联合出版传媒（集团）股份有限公司
　　　　　万卷出版公司
　　　　　（地址：沈阳市和平区十一纬路25号　邮编：110003）
印 刷 者：辽宁新华印务有限公司
经 销 者：全国新华书店
幅面尺寸：170mm×240mm
字　　数：208千字
印　　张：14.5
出版时间：2018年8月第1版
印刷时间：2018年8月第1次印刷
丛书策划：陈亚明　李文天
责任编辑：赵新楠
特约编辑：吴海兵
责任校对：张希茹
装帧设计：亓子奇
ISBN 978-7-5470-5019-4
定　　价：49.80元
联系电话：024-23284090
传　　真：024-23284448

常年法律顾问：李　福　版权所有　侵权必究　举报电话：024-23284090
如有印装质量问题，请与印刷厂联系。联系电话：024-31255233

# 前　言

　　1931 年 9 月 18 日，日本关东军在沈阳制造了九一八事变，日本帝国主义的魔爪开始伸向有着五千年文明的中华大地，中国最屈辱的历史从此开始。1939 年 9 月 1 日，希特勒独裁下的德国军队闪击波兰，欧洲大地不再太平，欧洲人的血泪史从此开始书写。一年后，德国、意大利、日本三个武装到牙齿的独裁国家结盟，"轴心国"三个字由此成为恐怖、邪恶、嗜血的代名词。

　　德、意、日三国结盟将侵略战争推向极致。这场战争不仅旷日持久，而且影响深远。人类自有战争以来从未有过如此大规模、大杀伤力、大破坏力的合伙野蛮入侵。"轴心国"的疯狂侵略令全世界震惊。

　　面对强悍到无以复加的德国战车，面对日本军队疯狂的武士道自杀式攻击，被侵略民族不但没有胆怯，反而挺身而出，为了民族独立，为了世界和平，他们用一腔热血抒写不屈的抵抗，用超人的智慧和钢铁意志毫不犹豫地击碎法西斯野兽的头颅。

战役是孕育名将的土壤，而名将则让这块土壤更加肥沃。这场规模空前的世界大战，在给全世界人民带来无尽灾难的同时，也造就了军事史上几十个伟大的经典战役，而这些经典战役又孕育出永载史册的伟大军事家。如果把战役比作耀眼华贵的桂冠，那么战役中涌现出的名将则是桂冠上夺目的明珠。桂冠因明珠而生辉，明珠因桂冠而增色。

　　鉴于此，我们编辑出版了这套《二战经典战役系列丛书》。其实，编辑出版这套丛书是我们早已有之的宏愿，从选题论证、搜集资料、确定方向到编撰成稿，历经六个春秋。最终确定下来的这 20 个战役可谓经典中的经典，如历史上规模最大的海战莱特湾大战，历史上规模最大的航母绝杀，历史上规模最大、最惨烈的库尔斯克坦克绞杀战……我们经过精心比对遴选出的这些战役，个个都特色鲜明，要么让人热血沸腾，要么让人拍案叫绝，要么让人扼腕叹息，抑或兼而有之。这些战役资料的整理花费了我们相当多的时间和精力，兴奋、激动、彷徨、纠结，一言难尽。个中滋味，唯有当事人晓得。

　　20 个战役确定下来后就是内容结构的搭建问题。我们反复比对已出版的类似书籍，经过研究论证，最终形成了自己的特色。历史拐点（时间点）往往是爆发点，决定历史的走向，而在这个历史拐点上，世界上其他地方正在发生什么？相信很多人对此都会比较感兴趣。因此，我们摈弃了传统的单纯纪事本末叙述方式，采用以时间轴为主兼顾本末纪事的新颖体例。具体来说，就是在按时间叙事的同时，穿插同一时间点上其他战场在发生什么，尤其是适当地插入中国战场的情况，扩大了读者的视野。

　　本套丛书共 20 册，每册一个战役，图文并茂，具有叙事的准确性与故事的可读性，并以对话凸显人物性格和战争的激烈与残酷。每册包含几十幅精美图片，并配有极具个性的图说，以图点文，以文释图，图文相得益彰。另外，本套丛书还加入了大量的原始资料（文件、命令、讲话），并使其自然融入相关内容。这样，在可读性的基础上，这套丛书又具备了一定的史料价值，历史真实感呼之欲出，让读者朋友不由自主地产生一种穿越的幻觉。

本套丛书的宗旨是让读者朋友在轻松阅读的同时，对第二次世界大战有一个整体的认知，力求用相关人物的命令、信件、讲话帮助读者触摸真实的历史、真实的战场，真切感受浓浓的硝烟、扑鼻的血腥和二战灵魂人物举手投足间摄人心魄的魅力。

品读战役，也是在品读英雄、品读人生，更是在品读历史。战役有血雨腥风，但也呼唤人道。真正的名将是为阻止战争而战的，他们虽手持利剑，心中呼唤的却是和平。相信读者朋友在读过本套丛书后，能够对战争和名将有一个不一样的认识。

最后，谨以此书献给那些为和平、为幸福奋斗不息的人们！

# 目　录

# 第一章

## 希特勒情钟巨舰　海幽灵初露锋芒

潜艇的突袭令希特勒非常满意，昔日不屑一顾的潜艇一夜之间成为他手中的一张王牌。希特勒当即批准了邓尼茨建造潜水艇的计划，让邓尼茨放开手脚大干，并同意他采取"先发制人，进行无限制潜艇战"的战术。

## ◎ "狼群"雏形

丘吉尔曾经在他的回忆录中写道:"战争中,我唯一担忧的是潜艇的威胁。它不是以耀眼的战争和显赫的战果的形式出现,而是通过数字、图示和曲线表证明自身的价值。我们的贸易生命线跨越广袤无垠的大西洋,尤其是英国近海航线,完全暴露于危险之中。我认为,在这一方面作战,比英国本土的空中决战更加令人担忧。"

的确,70多年前,发生在大西洋上的那场恐怖的潜艇战堪称二战中最惊心动魄的战争。俗称"海狼"的德军潜艇数次围攻世界头号海上强国——英国和美国的舰队,几乎使其"窒息"。也难怪,英国人戴维斯·托马斯在《大西洋之星》一书的前言中这样写道:"大西洋海战是最长久、最惨烈、最浪费的海上战役,它几乎贯穿了整个第二次世界大战。"

在海军的所有舰艇中,潜艇是最神秘、最特殊的一种舰艇。没有哪种舰艇能像潜艇那样神秘地沉入水中,还能神秘地浮出水面。在水舱中注入海水后潜艇开始下沉，用高压空气将水舱中的水排出去后潜艇就能上浮。

大西洋海战中的德军 U 型舰队

　　一战结束时，德国只将 176 艘潜艇交给协约国，大多数沉入海底，200 多艘没有服役或未建成的潜艇开始销毁。为彻底消灭潜艇，《凡尔赛和约》规定德国不准拥有、建造或购买潜艇。当时，世界反对潜艇的呼声高涨，特别是传统海上强国。英国第一海务大臣贝蒂认为，弱国如果在战争中使用潜艇，将是对文明和人道主义的破坏。为此，英国海军部曾多次建议取消潜艇。

　　1921 年，英法美意日等国在华盛顿开会。英国在会上呼吁废除潜艇，英国比任何国家都害怕潜艇。法美意日四国的观点跟英国不太一致，所以这个提案没有获得大会通过。英国迫切要求废除潜艇，但没能得到其他国家的支持。

　　对英国来说，最明智的做法是拥有最优良的潜艇及研制有效的反潜武器。

其实，英国早在一战期间就研制了性能先进的潜艇，如 G 级、J 级、1 级以及实验型的蒸汽动力 K 级潜艇。K 级潜艇属于舰队型潜艇，水上航行性得到很大提高，但在实战中没有任何建树。英国还研制了另外两种新型潜艇，但是没等建成，一战就结束了。M 级潜艇装备有 305 毫米口径重炮，射程远远超过鱼雷，缺点是隐蔽性较差；R 级潜艇是反潜潜艇，该艇较小，水下航速快，在艏部装备 6 个鱼雷发射管。鱼雷发射管口径从 457 毫米增至 533 毫米，成为巡航潜艇的标准。

英国海军不追求潜艇的数量，但技术上一定要保持领先。在反潜武器技术领域，英国海军取得了突破。其中，声呐便是一种先进的反潜设备，它是探测潜艇水下方位的装置，安装在战舰的底部，可以大角度回转，同时收发讯号。当声波遇到潜艇后就反射回来，回声被声呐接收。利用发出讯号到收到回声所需的时间推测潜艇的距离，通过反复校正，驱逐舰可以靠近潜艇并投掷深水炸弹。战争中，声呐在反潜战中起到至关重要的作用。

一战后，英国海军曾多次公开发表声呐的报道，根据英国人的观点，潜艇已成为过时的武器，没必要再建造了。基于这一观点，当时的德国海军统帅部也不再重视潜艇，他们认为只有水上舰队才有可能对付英国的主力舰队。

1928 年，刚刚上任德国海军总司令的雷德尔发表了《海上巡洋战争》一文，提出海上交通线是英国的生命线，不仅其军事与海军威力甚至其经济命脉及国家存亡都与海上交通线的安全与巩固休戚相关。德国在对英作战中要用德国海军的基本兵力破坏对方的海上交通线，应主要采取"巡洋战"的方式，即在远离驻地的海区大量使用巡洋舰单独作战，袭击英国的运输船，破坏其海上交通线。

根据《凡尔赛和约》，德国只能拥有6艘战列舰、6艘轻巡洋舰和12艘驱逐舰。雷德尔的前任只在和约限定的范围内建造了几艘轻型巡洋舰。20世纪30年代初，随着希特勒的上台，德国海军开始复苏，在"德意志号"袖珍战列舰之后，"舍尔海军上将号"和"海军上将施佩伯爵号"相继服役。同雷德尔一样，希特勒也是一个"水面舰艇决胜论"者，因此，雷德尔与英国进行"巡洋战"的设想得到了希特勒的赞许。

　　雷德尔向希特勒建议，德国应建立一支具有强大战斗力的均衡舰队。这支舰队必须以战斗群的编队形式攻击大西洋公海上的英国航线，并以这个方式实施经济战，同时摧毁英国海军的护航兵力。德国海军为组建这支舰队拟订了一个长期的造舰计划，也就是所谓的"Z"计划。

　　按照这个计划，预计到1948年将建成下列舰艇：5万吨级的战列舰（不含"俾斯麦号"和"蒂尔皮茨号"）6艘；2万吨级的装甲舰8艘，后改为12艘；2万吨级的航空母舰4艘；大量轻型巡洋舰、潜艇233艘。

　　雷德尔的计划显然是以发展水面舰艇为主，他相信凭借这样的兵力，加上日本和意大利海军的配合，打垮英国海军没有任何问题。然而，雷德尔万万没有想到，希特勒迫不及待地要独霸全球，在德国的海军力量尚在蹒跚学步时，便迫不及待地发动了战争。

　　1931年，英美法意日等国在伦敦召开会议，苏联被排除在会议之外。苏联在1928年开始了大规模的潜艇建造计划。在二战爆发前几年，苏联的潜艇数量最多，其潜艇几乎都是为近海防御建造的。美、法和日的潜艇也比英国多，所以英国再次要求废除潜艇，但英国的提案还是没有通过。英国人对声呐过于信赖，于是对潜艇的威胁便不大放在心上了。

1935 年 3 月，希特勒撕毁《凡尔赛和约》。与此同时，英国开始执行绥靖主义政策。4 月，英国政府默认希特勒扩建海军，开始与德国政府谈判，最后双方达成《英德海军协定》，德国主动提出将海军装备限制为英国的 35%。

当德国与英国谈判时，德国海军已经建造了一批 250 吨级的小潜艇。9 月底，其中 6 艘潜艇"U-1 号"至"U-6 号"分配到潜艇学校，校长是斯勒福格特海军中校，该校采用先进的方法训练学员。

9 月 28 日，"U-7 号""U-8 号""U-9 号"潜艇相继建成，这 3 艘 250 吨级的潜艇组成了德军第一支潜艇部队——"韦迪根"潜艇支队。邓尼茨海军中校担任潜艇部队司令。此后的几个月里，又有 9 艘小潜艇，即"U-10 号"至"U-18 号"先后加入潜艇部队。邓尼茨相信潜艇的战斗力，认为潜艇是海战中最佳的鱼雷携载工具。10 月 1 日，邓尼茨开始对潜艇部队进行训练。

1936 年，希特勒统治下的德国政府表示支持《伦敦海战草约》。根据《伦敦海战草约》，潜艇只准白天在水面上实施攻击，这样潜艇会变成武装商船的猎物。各海军强国在伦敦签署关于军事上使用潜艇的议定书。其中，第 22 条规定："潜艇在对商船的行动中，必须遵守水面军舰所遵守的国际法规。除经召唤仍拒绝停驶或抗拒检查外，军舰或潜艇不得在安置旅客、船员和船舶文书于安全地方前，击沉商船或者劫持商船……"

根据该草约，潜艇要拦截和击沉商船时必须在水面航行，哪怕商船装备了火炮，仍按国际法的规定享受保护。如果根据《捕获法》的规定可以击沉商船，那么潜艇必须保证船上人员的安全，潜艇必须把船员安置到本艇上。一般来说潜艇无法做到这一点，那么就必须使船上人员远离击沉地点。

鉴于此，英国建造了少量反潜舰艇，准备进行小规模的反潜战。英国海军部撤销扫雷处、反潜处和贸易处，曾经制定了明确的方针，在下次战争中，"只有具备以下情况时，才可采用护航运输队制度：第一，力量对比有利于己方；第二，运输船只受损严重，运输船只独立航行无法适应。"

这一年，德国海军不再建造 250 吨级的小型潜艇，开始建造 VII 型、排水量 500 吨级的中型潜艇，装备 4 个艇艏和 1 个艇艉鱼雷发射管（12~14 枚鱼雷），20 秒即可下潜至安全深度，水下潜行性能稳定，水面航速 16 节，操纵方便。该潜艇的缺点是储油量少，只有 67 吨，活动半径只有 6200 海里。这种中型潜艇比较符合潜艇部队的要求，只需稍微改造一下艇体，储油量就可以提高。后来，德国海军通过利用该艇的空间，使该艇的储油量达到了 108 吨，活动半径为 8700 海里。

1936—1937 年，德军潜艇部队司令邓尼茨提出新的集群战术（即后来的"狼群战术"），通过预定的战术配置使潜艇可以发现敌人，在水面与敌舰保持接触，尽量召唤其他潜艇前来协同攻击。这种战术一般在夜间进行水面攻击，灵活的 VII 型潜艇特别适应集群战术。德国海军部把《德英海军协定》规定的潜艇吨位的四分之三用于建造 VII 型潜艇，把四分之一的吨位用于建造 740 吨的 IX 型潜艇，使其活动半径达到 12000~13000 海里，可用于执行远洋作战任务。德国甚至还打算研制 2000 吨级的巡洋潜艇，巡洋潜艇的活动半径更大，鱼雷舱也更大，还可以进行水面炮战。

邓尼茨通过计算得出，如果英国实行护航编队制度，德国想取得潜艇战的胜利就必须在战时维持 300 艘 VII 潜艇的规模。他得出一个结论，大战即将来临，英国将被迫参战，因此必须优先发展强大的潜艇部队。他认为，如果德国拥有足够的潜艇，在未来的战争中，潜艇战是可以获胜的。一战时，英国采用的护航制度之所以能挫败德军潜艇的根本原因是德军潜艇战术不灵活、潜艇数量太少，因此对付护航编队的有效办法是集群战术。

　　然而，邓尼茨的建议被否决了。希特勒和海军总司令雷德尔认为，不可能马上与英国爆发大战。英国无论如何是不肯参战的，除非其海上运输线受到威胁。英国人虽然对欧洲大陆爆发的战争不高兴，但是他们只肯为保卫本土而战斗。如果希特勒和雷德尔相信邓尼茨的话，并通过他的建议，那么二战的进程很可能会因此而大大改变。

# ◎ 大人物看不上小潜艇

1937 年，英国海军部获得海军航空兵的指挥权。海军航空兵之所以交给海军使用是为了适应航母作战的需要。在保卫海上运输方面，英国海军还得到了空军岸防航空兵的支持。虽然一战时，德军潜艇群曾经给英国海军造成了巨大损失，但是战后英国海军部并没有对反潜战给予足够的重视。

英国人被《凡尔赛和约》所蒙蔽，自欺欺人地认为可以高枕无忧了。英国人认为，就算德国撕毁《凡尔赛和约》也无法动摇盟国的军事地位。他们认为声呐能制止德国未来发动潜艇战，甚至自负地断定潜艇无法长时间躲在水下。他们忽略了这样一个事实：当时的声呐技术只是在理想的试验条件下才能计算准确。根据物理学的原理，强迫讯号在水中传播是很难的，传播一两海里以上的距离需要大量能源。声呐发展的初期阶段，这个问题一直没有得到妥善解决。到 1939 年，声呐探测仪仍不像许多英国海军人员所想象的那么管用。当时，英国海军的反潜部队十分弱小，防潜仪操作手训练时间不足，在反潜武器的研制上没有取得什么实质性的进步。

珍贵的一战声呐机

当二战的阴影笼罩欧洲上空时，很多人认为德军潜艇对盟国商船构不成什么威胁。英国海军部一直警惕着德国的水面舰只，其海军计划及其军事部署都是针对德国水面舰只的。英国在讨论采用护航编队的必要性时，海军方面认为，护航编队可以对付潜艇威胁，还可以对付空中的威胁；空军方面担心的是护航运输队会给敌军的空袭提供更大的战果。海军方面反驳说，装备声呐的护航战舰能够对付潜艇，而高炮部队可以对付空袭。对此，空军方面持怀疑的态度。

英国海军和德国海军一样偏爱战列舰，从日德兰海战的经验中发展了海战理论，明显地延缓了小型战舰、驱逐舰和护航舰船的建造。战争初期，英国很多护航舰船装备残缺，很难执行艰巨的任务。

1939 年 9 月 1 日，德国海军总司令雷德尔元帅下达建造战舰的命令。命令摘要如下：

德国海军总司令雷德尔

取消和平计划，新的建造计划包括下列紧急任务：

1. 建造新型潜艇，其型号遵照潜艇司令的建议。

2. 5 艘大型舰船的建造继续进行：战列舰"俾斯麦号"和"蒂尔皮茨号"，巡洋舰"欧根亲王号"和"赛德利茨号"，以及航空母舰"齐柏林号"。

3. 建造新型驱逐舰、鱼雷艇、探雷艇和扫雷艇，并控制沿海海路所必需的捕鱼船。另外，快艇需要大批量建造。

希特勒同意雷德尔的舰艇建造计划，按优先顺序做了一定的调整，把潜艇建造降至次要地位。英军战列舰"皇家橡树号"被 U-47 号潜艇击沉后，希特勒不重视潜艇的想法虽然有了很大转变，但"水面舰艇决胜论"依旧盘踞在他的心中，他全力支持雷德尔的"巡洋战"理论。

英军战列舰"皇家橡树号"

　　9 月 3 日，也就是德国武装入侵波兰后的第二天，英国首相张伯伦在首相府办公室紧急召见丘吉尔，并邀请其加入战时内阁。张伯伦对坐在对面的丘吉尔说："温斯顿，你的预见是正确的。德国突然袭击了波兰，我们必须做出回应，我们现在已正式对德宣战。"

英国首相张伯伦

"首相能够做出这样的决定，我感到非常高兴。"

"我现在决定成立战时内阁，并邀请陆、海军大臣参加，你对此有什么看法？"

"如果你认为这样合适的话，我没有意见，但是我想还是多让一些年轻人参加为好。"

"不用说了，我想请你出任海军大臣。我知道，你曾经担任过这一职务，有能力处理好海军部的事，我想你不会让我失望的。"

"当然，首相先生。"

"那好，你下午就去上任吧。"

3日下午，丘吉尔来到海军部，坐在了他坐过的那张旧椅子上。他看着1911年自己让海军情报局标注的北海地图，思绪万千。24年前的大海战，又浮现在他的眼前：1911年10月，丘吉尔出任海军大臣，领导组建了海军参谋部。1915年，他主张英军在达达尼尔海峡登陆，进攻土耳其，目的是包围德国海军。此次登陆战持续了8个多月，英法军队伤亡惨重，最后被迫撤退。第一海务大臣费希尔引咎辞职，丘吉尔也被解除了海军大臣的职务，被派往法国作战。

24年前的情景，仿佛又在重演，英国面临的仍然是德国的威胁。丘吉尔知道，当前战云密布，海军决定着国家的生死存亡。众所周知，英国位于欧洲西部，四面环海，是大西洋中的一个岛国。英国本土的自然资源、人力资源及市场非常有限。大战开始时，英国75%的石油、95%的铜、99%的铅、88%的铁矿石、89%的小麦、84%的肉类和93%的食用油都要依靠海外进口，每年进口货物高达6800多万吨。

英国拥有一支约2100万吨的商船队，占当时世界商船总吨位的31.8%，每天平均有2500艘船只航行在海上。英国海上交通线总长度超过8万海里，它们像血脉一样源源不断地将"营养"输送到不列颠诸岛。毫不夸张地说，海上交通线是英国的生命线，因此历届政府都把建立世界上最强大的海军放在第一位。数百年来，正是那些巨舰大炮保卫着英国的生命线，维系着"日不落帝国"的神话。

值得庆幸的是，德国海军刚刚重建，还没有形成稳定的战斗力。他们只有战列舰（旧式）2艘、战列巡洋舰3艘、重巡洋舰2艘、轻巡洋舰6艘、舰队驱逐舰22艘。此时，英国海军共有战列舰12艘、战列巡洋舰3艘、航空母舰8艘（舰载机500架）、重巡洋舰15艘、轻巡洋舰49艘、舰队驱逐舰119艘、驱逐舰64艘、扫雷舰和岸防舰45艘。

丘吉尔暗自思忖，英国海军对付德军的水面舰艇易如反掌。皇家海军只要屯重兵于本土，封锁北海，就能捆住德国海军的手脚。然而，德军神出鬼没的潜艇数量虽然不多，却像水中的泥鳅，你捉不到它，它却能看到你。一旦商船碰上潜艇，只有被动挨打的份儿。

3日晚，德军潜艇司令邓尼茨接到海战指挥部下达的"立即开始对英作战"的命令。德国海军要重振雄风，和老对手英国海军大干一场。这个时候，潜艇部队开始登场了。邓尼茨一直认为，海战的重点在于潜艇战，潜艇战的重点在于经济战。也就是说，尽一切可能打击和消灭盟国的商船队，击垮盟国（尤其是英国）的经济，迫使敌人屈服。邓尼茨研究过，要想确保大西洋海战的胜利至少需要300艘潜艇，其中三分之一用来攻击敌舰，三分之一来往于战场和基地之间，另外三分之一留在基地待命。这样，在前线作战的潜艇就能始终保持100艘左右，如此规模的潜艇足以切断英国的海上贸易通道，掐断英国的命脉，使其不战而降。

此时，邓尼茨手中仅有56艘潜艇，其中46艘能够参加作战，而适合大西洋作战的只有22艘，剩下的24艘是250吨的小型潜艇。这些小型潜艇由于续航短，只能用于北海作战。在22艘潜艇中，只有7艘可参加大西洋的商船破坏战。

"看来只有先发制人，进行无限制潜艇战，击沉一切往来英国的船只，才能取得主动。"邓尼茨的脸上显露出一丝自信的微笑，他决定向希特勒汇报。可是没想到，希特勒否决了邓尼茨的计划，严令他必须按照战前国际条约规定的条款作战。潜艇只能在检查完毕安排好海员离船之后，才能击沉那些运送作战物资的商船。由此可以看出，希特勒虽然向英法公开宣战，但是仍然不想公然与这两个欧洲强国发生冲突。然而，接下来发生的一件事，令他十分恼火。

## ◎ 潜艇首秀威力

在赫布里底群岛附近海域，U–30潜艇艇长林普少校发现在海上航行的船队中有一艘船离开船队通常运行的航线，不但没发出规定的信号灯，反而采用"之"字形路线航行，由此可判断出它是一艘军队运输船。

林普果断下令攻击。鱼雷命中了，该船与船上的128条生命一同沉入海底。后来得知，这艘船不是什么军队运输船，而是由伦敦开往美国的"雅典娜号"客轮，死者大部分是平民百姓，其中有22名美国人。

英国人愤怒了，美国人更加愤怒！他们一起指责德国无视国际法，挑起无限制的战争。德国政府否认了这件事。

由于担心美国借口参战，希特勒矢口否认是德军潜艇所为。邓尼茨指令林普把当天的航海日志撕掉，换上了不曾记录这件事的另外一张日志。艇员们个个信誓旦旦，答应严守秘密。

德军潜艇在大西洋击沉"雅典娜"客船的事件使英国海军大臣丘吉尔感

到不安：该事件预示着德国海军总司令雷德尔将派他的战舰和潜艇到大西洋猎杀商船。

德军潜艇击毁英国"雅典娜号"客轮

9月4日晚，英国海军大臣丘吉尔召开海军高级将领会议。会议研究的内容主要是：（1）战争初期，如果日本保持中立，意大利保持中立，那么德军的主要攻击目标可能是大西洋上的航道；（2）必须尽快建立护航编队。

由于具有战斗力的护航舰艇无法临时征调，战争初期护航舰大部分是拖网渔船和其他小型船只匆匆改装上武器的，它们不适应所承担的重任。当时，英国的声呐使护航舰拥有了水下探测装置。经验丰富的声呐兵可以在1372米以内测出水下潜艇的方位和距离。

这次会议做出了恢复英国商船航行护航体制的决定。护航运输队是指由战列舰、航空母舰、巡洋舰和护航军舰护送的远洋商船队。战争伊始，英国海军就和加拿大海军组成联合护航运输队。在蒙特利尔、魁北克、哈利法克斯、锡德尼和圣约翰等地组建了海上运输指挥部。

为了能够在战时随时收到信息、指挥部队和做出决策，丘吉尔搬进了海军部大楼，同1913年一样，还是占用了一个套间。他还在宿舍的隔壁设立了一间高级作战室，里面各种地图一应俱全。

9月11日，德军潜艇司令邓尼茨收到第二航空队的一份补充情报，他们拍摄了斯卡帕、弗洛塔以北地区、绥萨与里沙之间海峡内的轻、重型英国军舰。此外，他又从U—16号潜艇获悉关于巡逻、灯塔和海流的情报。U—16号艇长建议，最好从霍克沙海峡乘启闸之机闯进斯卡帕湾。邓尼茨下令第二航空队设法拍摄关于该港各入口设防情形的照片。

邓尼茨经过仔细分析后，得出两条结论：（1）穿越霍克沙海峡是不可能的，穿越绥萨海峡和克勒斯特朗海峡更是难以做到。（2）沉船完全阻塞了霍姆海峡。在其南面直到兰勃·雷姆只有一条15米宽、1米深的水道，两旁较浅，两岸没有居民。邓尼茨认为当水势缓慢时趁夜由水面穿越是可行的，于是他决定让U—47号潜艇艇长普莱恩少校执行这一任务。

这一天，美国总统罗斯福给丘吉尔发来一封祝贺电报，除了祝贺他就任英国海军大臣外，还表示愿意与他建立秘密的通信联系。罗斯福在电报中说："如果你愿意同我保持联络，并把你希望让我知道的任何事情通报给我，我将感到荣幸之至。"

丘吉尔立即回电，表示愿意接受罗斯福的建议，电报署名"海军人员"。从此，两人开启了富有历史意义的电报往来。丘吉尔就任英国首相后，将署名改为"前海军人员"，罗斯福也喜欢这样称呼他，两人的通信联系一直保持到罗斯福去世。丘吉尔给罗斯福发出的函电有 950 封，收到回电约 800 封。

美国总统罗斯福

9 月 14 日，英军航空母舰"皇家亚克号"航行在苏格兰西北部的赫布里底群岛附近海面。德军 U-39 号潜艇正好在此与它相遇。按规定，敌国航空母舰属于潜艇的主要攻击目标之一，因此艇长格拉斯少校立即下令发射鱼雷。鱼雷提早爆炸，对航空母舰打了个"擦边球"。1 艘担任护航任务的驱逐舰及时赶来，投下深水弹炸沉了 U-39 号潜艇，并俘虏了艇上的全体乘员。

9 月 17 日，德军 U-29 潜艇静静潜伏在英吉利海峡西侧海域，潜望镜探出海面四处张望。不久，1 艘万吨级客轮出现在潜望镜中，同时出现的还有 1 架护卫飞机，正在客轮的上空盘旋。艇长修哈尔德少校下令跟踪这艘客轮。

这时，客轮突然改变了航线，速度很快。由于在水中航行速度缓慢，U-29号潜艇被远远地甩开了。修哈尔德准备命令潜艇浮出海面，全速前进跟上客轮。正在这时，修哈尔德在潜望镜的左舷水平线上发现了一个小黑点。仔细一看，竟然是 1 艘庞大的航空母舰。他兴奋得发抖，早已忘掉了正在追踪的客轮。

二战时期的英吉利海峡

德军潜望镜中出现的小黑点原来是英国皇家海军的"勇敢号"航空母舰。U-29 号潜艇小心翼翼地尾随在"勇敢号"后面。2 个小时之后，"勇敢号"航空母舰进入 U-29 号潜艇鱼雷有效射程之内。这个时候，"勇敢号"航空母舰突然改变了航线，在 U-29 号潜艇的眼前暴露出长长的侧腹，这正是 U-29 号最好的攻击角度。U-29 号潜艇对准"勇敢号"航空母舰连发 3 枚鱼雷，随后紧急下潜，以防护卫舰的攻击。水下的潜艇乘员们连续听到了 3

次爆炸声，紧接着，又陆续传来一阵爆炸声。U-29号潜艇艇长修哈尔德判断，一定是"勇敢号"被击沉了。

二战时期英国皇家海军的"勇敢号"航空母舰

　　的确如此，U-29号潜艇的3枚鱼雷都命中了"勇敢号"航空母舰，518名英军官兵连同舰船一同沉入海底。随后赶来的英军护卫舰展开了报复行动，用深水炸弹猛轰U-29号潜艇。一枚接一枚的深水炸弹在U-29号潜艇附近爆炸。潜艇猛烈地左右摇晃，但没有受到严重损害。德军的U-29号潜艇最终平安返回基地，邓尼茨终于可以扬眉吐气了。U-29号潜艇的告捷，使德国军政要员们认识了潜艇的真正价值。邓尼茨决定把下一个目标对准英国皇家舰队的斯卡帕军港。

　　斯卡帕湾位于苏格兰北方的奥克尼群岛，四周群山环抱，是一片面积为

340 公顷的深水良港。它的东面与北海相通，西接大西洋，地理位置非常重要，是一个富有战略意义的锚地。斯卡帕湾内的斯卡帕军港是英国海军的主要基地之一。对于德国海军来说，斯卡帕湾是一个耻辱的象征。一战时，德军潜艇曾 2 次攻击斯卡帕军港，均以失败告终。1918 年，德国战败。1919 年，德国海军的舰只被全部困在港内，后一道自沉。

这次，邓尼茨要洗刷德国海军的耻辱。鉴于德国在一战时有过 2 次失败的教训，他一时不敢贸然行事，把重点放在掌握有关斯卡帕军港的情报上。英国的斯卡帕军港易守难攻，袭击的难度非常大。斯卡帕湾的海流湍急，在彭特兰湾流速达 10 节。由于潜艇的水下最高速度仅有 7 节，这意味着潜艇无法逆流而进。另外，斯卡帕军港入口处戒备森严，整个军港的防卫十分周密。

9 月 28 日，在德国海军总司令雷德尔的一再请求下，希特勒允许击沉那些已被下令停止航行，但仍使用无线电与陆地联系的商船。

9 月 29 日，在雷德尔的鼓动下，希特勒取消了不能攻击法国船队的命令。自此之后，德国对潜艇作战的限制措施逐一被取消：9 月 30 日取消了对北海作战的限制；10 月 2 日取消了对英、法海岸作战的限制；10 月 17 日，凡是被认为属于敌人的舰只，潜艇可以随心所欲地将它们击沉；10 月 19 日，凡是在西经 20° 海域以内实行灯火管制的船只，潜艇可以完全不顾战时攻击舰只的规定予以击沉。

# ◎ 征服斯卡帕湾的"雄牛"

10 月 1 日,德军潜艇司令邓尼茨在基尔港的"维斯杜拉号"供应舰上召见了 U-47 号潜艇艇长普莱恩少校。邓尼茨严肃地说:"普莱恩少校,我想让你去执行袭击斯卡帕军港的任务。这项任务存在着一定的危险,你把这些资料拿回去研究一下。接受,或是不接受,两天之内给我答复。"

"是,长官。"普莱恩接过资料,匆匆离开。

当天晚上,普莱恩充分研究了所有作战海图以及有关资料。次日一早,普莱恩便前往邓尼茨的办公室。

"我愿意接受任务,长官。"普莱恩边说边将昨晚刚刚拟订的计划交给邓尼茨,并自信地说:"我认为 10 月 13 日深夜是进攻的最佳时机,因为那天晚上恰逢新月,而且水流较缓的时间又在黑夜,潜艇出入不易被发现。"

"很好!你的潜艇即刻起航,只带鱼雷,不带水雷。"邓尼茨说。

10 月 5 日,英国海军部抽调 28 艘大型军舰为骨干,组建了 8 个搜索群派往南大西洋海区，其中由哈伍德准将指挥的分舰队以福克兰群岛为基地，担任南大西洋西部一带的巡逻和警戒任务。经过近两个月的搜索，哈伍德终于捕捉到德国"海军上将施佩伯爵号"战列舰的踪迹。

10月7日，U-47号潜艇驶出德国的基尔港，横穿北海，日夜兼程前往奥克尼群岛。与以往出海作战不同，普莱恩没有向水兵们透露此行的目的地和将要执行的任务。

10月13日清晨，艇长普莱恩命令U-47号潜艇静悄悄潜入海中之后，才向艇上的全体人员交代此次出航的作战任务。士兵们听完后，顿时兴奋起来，他们早就盼着这一天了。不用动员，官兵们的士气就很高昂，对此普莱恩少校十分满意。

傍晚时分，U-47号潜艇浮出了水面，急速向斯卡帕湾方向驶去。然而，让普莱恩少校始料不及的是，这一夜发生了异常的极光现象，极光把大海照耀得如同白昼。尽管遇到这个意外的不利因素，普莱恩艇长还是不愿意贻误战机。他下令U-47继续前进，U-47号潜艇在水面上缓缓前进。不一会儿，柯克水道赫然在目。原来，斯卡帕湾共有7个入口，除了柯克海峡之外，其余6个入口全都设有防潜网、防潜棚和水雷场，并有警戒舰艇封锁，潜艇无法通过。根据德国海军的侦察，只有柯克海峡防范不甚严密。这是因为柯克海峡本身就是一道天然的屏障。海峡水道狭窄多变，水流汹涌异常，水下遍布巨大险峻的岩石，是一个易守难攻的险要之地。为了以防万一，英国人还在海峡内凿沉了3艘旧船，为海峡设置了一道人工屏障。

按照计划，普莱恩的U-47号潜艇从柯克海峡突入斯卡帕湾。当时英国的3艘沉船互为依托，鼎足而立，横扼海峡的咽喉。普莱恩下令直驶两船之间宽30多米的水面。操舵员熟练地操纵潜艇在两船之间穿插。潜艇成功地绕开了第一艘沉船，继续向湾内缓缓地移动。借着涨潮的潮流，第二艘沉船眼看也要绕过去了，不料潮水打旋，将艇猛向右推，艇体触地颤抖起来，潜艇随时都有搁浅的危险。

普莱恩当机立断，下令左舵停机，右舵低速运行，以使潜艇向左转，脱离浅岸，恢复原舵位。潜艇费了九牛二虎之力才摆脱旋流，渐渐离开海底，回到狭窄的航道上。U-47号潜艇终于进入斯卡帕军港。这时，普莱恩终于可以松一口气了，他看了看表，时间是10月14日0时27分。

U-47号潜艇在水中缓慢地移动，大约走了3.5海里，普莱恩没有发现任何目标。他转舵向左，绕了一个大圈，驶向梅茵岛。突然，前方出现了一个暗淡的影子。影子越来越大，露出了英舰独特的三脚桅和大炮塔。后面约1海里处，还有1艘舰。普莱恩看清楚了，这是2艘战列舰，前面的那艘是"皇家橡树号"，后面的是"力伯斯尔号"。

普莱恩果断地下达了一连串攻击命令，3枚鱼雷从U-47号潜艇上呼啸着飞向目标。其中1枚鱼雷命中了"皇家橡树号"战列舰，但没有造成任何损伤。普莱恩大失所望，他以为驱逐舰将会追踪而至，接着用深水炸弹发起反击，没想到四周仍然静悄悄的，好像什么事也没有发生过一样。

第一次攻击完毕后，普莱恩下令潜艇后撤一段距离。鱼雷兵继续忙碌着装填鱼雷，准备发起下一次攻击。普莱恩伫立在潜艇上，紧张地观察着海湾的动静。

10月14日1点16分，U-47号潜艇再次进入发射阵地，进行了第二次鱼雷发射。又是3枚鱼雷射向"皇家橡树号"战列舰。这次，惊天动地的场景终于出现了。随着三声巨响，在一片火光中，水柱夹着浓烟冲向空中，被炸坏的战列舰碎片四处飞溅，有些碎片还散落在 U-47 号潜艇的周围。英国"皇家橡树号"战列舰在连续的爆炸声中呈 40 度大倾斜，桅顶折断，大炮不由自主地下旋，一头栽入水中。庞大的舰体逐渐没入海中，包括舰长在内的 833 名官兵全部葬身海底。

直到这时，斯卡帕军港内的其他英国军舰才大梦初醒，急忙启动舰艇寻找入侵的潜艇。

普莱恩下令机务员把发动机全部打开，以最快的速度调头撤离柯克海峡。突然，一艘驱逐舰不断地用探照灯向海面照射，并向 U-47 号潜艇紧追而来。普莱恩感到不妙，紧张地望着驶来的驱逐舰。正在这个紧要关头，英军驱逐舰却猛然改变航向，在距 U-47 号潜艇很远的地方投下了深水炸弹。U-47 号潜艇凭着来时的经验，飞快地绕过沉船和险礁，顺利驶出了柯克海峡。

几天后，普莱恩才获知：英国计划于次日在柯克水路的狭窄水道的沉船旁边，再沉下一艘旧船。如果在当天沉下那艘旧船的话，U-47 号潜艇就无法通过水路了。这件事发生之后，英军舰队很快转移到其他停泊处，并开始加强对斯卡帕军港的防范。

10 月 17 日清晨，U-47 号潜艇安全抵达威廉港。码头上，军乐队奏起了凯旋曲，德国海军总司令雷德尔和潜艇司令邓尼茨亲自赶来迎接，并向普莱恩颁发一枚一级铁十字勋章，同时颁发给 U-47 号潜艇全体乘员每人一枚二级铁十字勋章。在表彰普莱恩和 U-47 号潜艇的同时，雷德尔元帅还正式宣布：邓尼茨由准将晋升为海军少将。经此一役，U-47 号潜艇艇长普莱恩顿时成为纳粹德国的英雄，纳粹电台大肆吹捧，称他是一头征服了斯卡帕湾的"雄牛"。

此次潜艇的突袭令希特勒非常满意，昔日不屑一顾的潜艇一夜之间成为他手中一张王牌。希特勒当即批准了邓尼茨建造潜水艇的计划。潜水艇造船厂由 3 个发展到 16 个，其建造速度由每月 4 艘增加到 20~25 艘。同时，希特勒让邓尼茨放开手脚大干，并同意他采取"先发制人，进行无限制潜艇战"的战术。这样，在广袤无垠的大西洋上，一场空前规模的商船袭击战与反潜战便拉开了帷幕。

## ◎ 走投无路的战列舰

　　10 月 18 日晚，当英国海军大臣丘吉尔完成对沿海各基地舰队的巡视，乘火车返回伦敦时，接到在尤斯顿车站迎接他的海军部第一海务大臣德雷·费德的报告。费德在报告中说，"勇敢号"航空母舰和"皇家橡树号"战列舰被德军潜艇击沉。德国海军的行动还是比英国海军快了一步。丘吉尔立即决定让新闻界报道这一沉船事件，同时决定尽早向下院通报最初几周的海战情况。丘吉尔在视察英国沿海各基地舰队期间，曾多次与军官们谈论警惕德军 U 潜艇和飞机的袭击。

　　12 月 13 日清晨，哈伍德指挥的英国海军分舰队位于距蒙得维的亚大约 350 海里处。哈伍德下令舰队排成单路队列，"阿哲克斯号"轻巡洋舰在前，"亚几里斯号"轻巡洋舰居中，"埃克塞特号"重巡洋舰殿后，以 14 节航速向东北方向行驶。

　　6 时 14 分，一名瞭望哨兵发现 10 海里处的海面上升起缕缕青烟。哈伍德即令"埃克塞特号"重巡洋舰前去察看情况。"埃克塞特号"离队北行，不久发回电报：前方目标为德军袖珍战列舰"海军上将施佩伯爵号"。哈伍德立即下命令："'埃克塞特号'重巡洋舰转舵向西，绕到德舰的右舷；同时，'阿哲克斯号'和'亚几里斯号'轻巡洋舰向东行驶，绕到德舰的左舷占据有利阵位。"3艘英军巡洋舰加速前进，直扑德军那艘袖珍战列舰。

此时的德军"海军上将施佩伯爵号"战列舰舰长兰斯多夫正悠然自得地在餐厅吃早点。突然，话筒内传来了瞭望塔士兵激动的惊呼声："前方发现英军舰队，正从两翼夹击而来。"

兰斯多夫跑步奔向甲板，从举起的望远镜中，清清楚楚地看到了3艘英国舰艇正在向他的两舷扑来。根据英舰的桅杆，兰斯多夫判断这支英军舰队为1艘重巡洋舰、2艘轻巡洋舰。他轻蔑地一笑，下令拉响战斗警报。兰斯多夫是不会把英军舰队放在眼里的，因为他的"海军上将施佩伯爵号"战列舰火力很猛，而且具有一定的装甲防护能力，英军几艘巡洋舰的总火力虽然超过德舰，但却没有装甲防护能力。另外，德军舰炮的射程和口径都要超过英军舰艇。

哈伍德指挥的英军舰队刚刚进入射击距离，兰斯多夫便马上下达了攻击令："前主炮，对准敌驱逐舰；尾主炮对准敌巡洋舰！"一阵猛烈的齐射，电闪雷鸣。兰斯多夫目不转睛地观察着弹着点，只见英舰前方水柱升腾，两次齐射炮弹都打近了。

这时，哈伍德开始还击，一发发炮弹猛泻到德"海军上将施佩伯爵号"战列舰周围。顿时，"海军上将施佩伯爵号"四周水柱林立。兰斯多夫看到英舰"阿哲克斯号"和"亚几里斯号"轻巡洋舰距离尚远，火力威胁不大；"埃克塞特号"重巡洋舰的距离较近，舷侧重炮火力凶猛，威力较大。他当即下令"海军上将施佩伯爵号"掉转炮口，用全部6门279毫米口径主炮，集中轰击敌重巡洋舰。炮弹在"埃克塞特号"船舷爆炸，弹片溅落到甲板上，将右舷舱面上的鱼雷兵全部炸死。一颗穿甲弹击中了B炮塔，将炮塔炸飞到空中。"埃克塞特号"驾驶台被毁，舰身失去控制，向右摆头。然而，顽强的"埃克塞特号"没有停止战斗，它用尾炮向"海军上将施佩伯爵号"发射出1枚枚203毫米口径炮弹，击中了"海军上将施佩伯爵号"的艏楼。

与此同时，英舰"阿哲克斯号"和"亚几里斯号"疯狂地扑向德"海军上将施佩伯爵号"，将一发发炮弹猛泻到"海军上将施佩伯爵号"的主甲板上。"海军上将施佩伯爵号"38毫米厚的装甲舰舷被撕开了好几个口子，火控系统瘫痪。

兰斯多夫赶紧调整火力，将一门279毫米主炮和一门150毫米副炮转向左舷，迎击2艘英舰。这时，"埃克塞特号"趁机逼近，向德舰"海军上将施佩伯爵号"右舷连续发射了4枚鱼雷。"海军上将施佩伯爵号"左右受敌，被炮弹击中的艏楼黑烟滚滚。舰上的主通道和食品库被炸得一片狼藉，36名官兵尸首横卧，甲板上血水四流。

兰斯多夫急忙下令施放烟幕，转舵逃跑。德舰"海军上将施佩伯爵号"边打边撤，射出的1颗279毫米口径炮弹击中了英舰"阿哲克斯号"，将该舰的4门152毫米炮全部炸毁。然而，"阿哲克斯号"仍然不顾一切地拼命扑来，在9000米的距离上，又发射了4枚鱼雷。

这时，英舰"埃克塞特号"舱内浓烟滚滚，大火冲天，舰体严重右倾，歪歪斜斜地掉头回驶。德舰"海军上将施佩伯爵号"没有追击，赶紧掉转前主炮，轰击冲到跟前的"阿哲克斯号"。一颗重磅炸弹击中了"阿哲克斯号"，打断了它的主桅，使其被迫拉开距离，退出了战斗。

这场海战，英德双方打了个平手。2艘英舰受创，哈伍德少将被迫指挥舰队退出战斗。德舰"海军上将施佩伯爵号"伤痕累累，已无力再战，舰长兰斯多夫只得指挥战舰脱离战场。

当英舰的身影在海面上消失后，兰斯多夫急忙走下甲板，查看"海军上将施佩伯爵号"的受损情况。经过查看，兰斯多夫发现"海军上将施佩伯爵号"中了2颗203毫米口径炮弹，破损严重。

兰斯多夫沮丧地垂下脑袋。现在，他的战舰急需补充燃油和修理。"海军上将施佩伯爵号"返回德国是不可能的，因为它的行踪已经暴露，对手绝不肯轻易放过。他踌躇再三，决定先去附近的中立国乌拉圭的蒙得维的亚港。

果然不出兰斯多夫所料，英舰并没有走远。当"海军上将施佩伯爵号"向西行驶时，2艘英舰尾随而来，与"海军上将施佩伯爵号"若即若离。哈伍德眼睁睁着这艘身负重伤的战舰缓缓驶入蒙得维的亚水道。哈伍德决定：停止昼间战斗，跟踪监视"海军上将施佩伯爵号"，瞅准机会于夜间接近并干掉它。同时，他命令英军"坎伯兰号"重巡洋舰立即从福克兰群岛赶来支援。另外，英国海军部还增派了载有60架飞机的"皇家方舟号"航空母舰和装备有6门381毫米大炮的"声望号"战列舰赶到蒙得维的亚助战，封锁拉普拉塔河口，阻止德舰"海军上将施佩伯爵号"出航大西洋。

"海军上将施佩伯爵号"在蒙得维的亚港刚刚抛锚，乌拉圭、德国、英国和法国的代表便在谈判桌上展开了唇枪舌剑的激战。德国代表兰曼说："战舰必须在港口修好破损才能恢复航海性能，希望能延长在蒙得维的亚港停留的时间。"

英、法两国代表立即提出抗议，他们提醒乌拉圭政府："按照有关国际法的规定，交战国的舰只在中立国港口停留的时间不得超过24小时。"

兰曼反驳："根据伦敦宣言第14条，军舰受损和坏天气两种情况除外。"

英、法代表坚持说："'海军上将施佩伯爵号'战列舰只是受了点轻伤，完全可以出海。"

乌拉圭政府虽然倾向盟国，但又不愿与德国公开闹翻，因此，它建议成立一个小组来调查"海军上将施佩伯爵号"的伤势。调查小组经过调查后得出的结论是："海军上将施佩伯爵号"确实不能马上出海，但在港内修理3天后就可航行。德国代表对调查小组的结论表示强烈抗议，而乌拉圭政府却顺水推舟，接受了这个方案。

12月15日，"海军上将施佩伯爵号"舰长兰斯多夫获悉英军"坎伯兰号"重巡洋舰从福克兰群岛赶来，加入了"阿哲克斯号"和"亚几里斯号"的行列。3艘英舰已全部聚集在港口以外，将蒙得维的亚港封了个严严实实。

兰斯多夫急忙向柏林报告了这一情况。不久，他收到了德国海军总司令雷德尔的回电，随即派人和乌拉圭政府交涉，希望延长停留时间。

12月17日傍晚，德国的要求遭到拒绝。乌拉圭政府通告：德国"海军上将施佩伯爵号"战列舰必须于1939年12月18日下午6时驶离港口，不然该舰将被扣留至战争结束。

兰斯多夫无计可施，只得让1艘德国油船和2艘租用的拖船靠上战列舰，接走了绝大部分船员。"海军上将施佩伯爵号"战列舰上只留下几个人。

12月18日夜幕刚刚降临，德军"海军上将施佩伯爵号"战列舰在拖船和摩托艇的引导下，缓缓向港外移动。"海军上将施佩伯爵号"要想逃生，只能在天黑以前强行冲出英军舰队的严密封锁。当"海军上将施佩伯爵号"西行3海里后，兰斯多夫下令关闭主机。他走下舰桥，来到底层检查放置炸药的舱室。检查完毕后，兰斯多夫和留舰人员登上拖轮，离开了"海军上将施佩伯爵号"。

8时44分，兰斯多夫不情愿地按下了开关。接着，便听到"海军上将施佩伯爵号"上发出了一声惊天动地的爆炸声,38毫米厚的钢板被炸裂得粉碎，舰体猛烈颤抖，浓烟从甲板的破口往上直蹿。"海军上将施佩伯爵号"战列舰像一幢高大的建筑物顷刻间崩塌。船员们紧紧抓住拖轮的舷侧栏杆，眼瞅着这艘不可一世的战舰被波涛汹涌的大海吞没。舰长兰斯多夫泪流满面，他挥手，拖轮横穿拉普拉塔河口，直驶阿根廷首都布宜诺斯艾利斯。然而，阿根廷政府非但没有对兰斯多夫及其所部以礼相待，反而指控他们偷渡国境，将其全部拘捕，关押到一家海军工厂。

# ◎ 潜艇，无人再敢忽视

12 月 19 日晚，兰斯多夫坐在房间里留下遗言："从我炸毁'海军上将施佩伯爵号'那一时刻起，我就决心与我的战列舰俱殒了。我指挥下的年轻的水手们都很安全……"随后，兰斯多夫掏出左轮手枪顶在自己的太阳穴上，子弹穿透了他的头部。他终于实现了心中的诺言：舰在人在，舰亡人亡。德国"海军上将施佩伯爵号"战列舰的沉没，对德国海军的"巡洋战"战略来说无疑是个沉重的打击。

"海军上将施佩伯爵号"的自毁和兰斯多夫的自杀对德国海军总司令雷德尔来说，犹如当头一棒。他神情黯然地坐在办公桌的后面，似乎一夜之间，衰老了很多。这个时候，潜艇司令邓尼茨走了进来。雷德尔毫无表情地抬头看了一眼，示意他坐下。

雷德尔对邓尼茨说："你知道，'海军上将施佩伯爵号'战列舰全军覆没。现在的形势非常严峻，英国人对我们实行了极其严密的封锁政策，妄图把德

兰斯多夫

国的贸易往来从海上驱逐出去，阻止德国的一切输入。现在我们的海上运输几乎中断。大部分商船在中立国的港口躲避，有的在中途被堵截，还有的被英国俘获，可我们有限的战舰无力保护它们。英国皇家海军的力量实在是太强大了。"

"元帅，你是知道的，英国的经济和工业，英国人的生存以及英国同欧洲大陆的敌人进行的战争，全都依赖数量庞大的海上输入。海上运输对于他们比对于我们更为重要，至少我们的粮食等农产品可以自给自足。因此，我认为我们必须把对英国商船的进攻放在重要的战略地位。然而，用我们有限的战舰发动攻击，是很难做到的。在这方面，德军的潜艇起到了重要作用。9 月份，我们的 U 艇击沉英国商船 41 艘，10 月份 27 艘，11 月份 21 艘，12 月份 25 艘，而我们的潜艇只损失 2 艘。另外，我们的潜艇还击毁了不少英军战舰。"邓尼茨滔滔不绝地说道。

"可是我们的潜艇数量太少了，只有22艘可到大西洋作战。"雷德尔仿佛看到了一线希望。

"所以我建议，我们一方面加快建造潜艇的速度，一方面尽可能经济地使用潜艇，这就是，将潜艇派到最易击沉敌方商船的地方去。"邓尼茨不失时机地说。

邓尼茨说得没错，德军潜艇对英国海军舰艇的攻击的确屡屡得手，但是最令人刮目相看的还要数德军潜艇对英国商船的袭击。在这种对商船的作战方面，大多数德军潜艇艇长都创下了赫赫战绩。虽然他们不像U-47号潜艇艇长普莱恩、U-29号潜艇艇长修哈尔德、U-30号潜艇艇长林普等那样被广为宣传，但是也大多圆满地完成了任务。

U-48号潜艇艇长修尔杰少校前后共击沉敌船10万吨，是最初获得骑士十字勋章的艇长。在初期作战中，修尔杰攻击了2艘伴有护卫舰的货船，将其中的一艘击沉了。一天，一支有25艘舰船的英国护航运输队驶入U-48号的伏击圈。修尔杰下令对其中2艘货船进行攻击，1艘货船当即被鱼雷击沉。英国护卫舰立刻进行反击，U-48号则急速潜航。30分钟后，U-48再度浮到海面，这时英军的"栅达兰号"军舰正迎面扑来。修尔杰立即命令潜航。为了使艇艏尽快下潜，艇员们集中到潜艇前部，簇拥在艇艏的发射管前。当海水淹没潜艇的指挥塔时，一连串猛烈的爆炸声传了过来。U-48号艇艏立刻向下垂落，艇员们冷不防被向前推去。潜艇还没恢复到水平状态，又传来了驱逐舰接近的马达声，接着便响起了潜艇探测器的音波碰到潜艇艇体后被弹回所发出的声响。艇员们紧张地屏住呼吸，大气都不敢出。

英舰第一枚深水炸弹投了下来，U-48号受爆炸的冲击而剧烈震动起来。艇员们惊魂未定，第二枚深水炸弹又投了下来，这回比第一枚投得更近，U-48号摇晃得更加厉害，不停地抖动。修尔杰下令改变航线，进一步下潜，缓慢前进。20分钟之内没有出现任何意外的情况。修尔杰终于松了一口气，脸上露出了一丝得意的笑容。他以为逃出了险境，想不到接连而来的第三枚深水炸弹来得更近，破坏了舰内的深度计及通信装置，还好耐压舰体没有遭到破坏。

修尔杰急令潜艇潜入海底，关闭柴油推进机和一切发音装置。

此时，英军驱逐舰仍在海面搜寻U-48号潜艇。过了一会儿，深水炸弹又展开了集中攻击，在U-48号的前后左右接连爆炸。艇内的陶瓷洗脸池和厕所的台座被震坏了，有些灯泡因猛烈的震动而破碎，指挥塔上的回转针被震断。U-48像缩头乌龟一样伏在海底，一直到天黑才浮到60米的深度。前进约4公里后，U-48浮到了安全的海面。艇长修尔杰在当天的航海日记中写道："我们冲出了重围。"

德军潜艇类似惊心动魄的经历，在开战初期的几个月经常出现。不过在攻击船队方面所创下的战果，足以安慰潜艇部队官兵所经历的磨难，弥补潜艇自身的损失。从1939年9月到1939年年底，德军潜艇共击沉114艘盟国（英国为主）商船。到1940年1月，被潜艇击沉的商船数为40艘，总吨位达11.1万吨，战果数量再度上升，2月份便达到了45艘，11.7万吨。

从此，潜艇进入了最活跃期，没有人再敢忽视其在海战中的作用。

# 第二章

# 邓尼茨"狼群"出动　丘吉尔紧急求援

二战爆发后，英国海军对德国实行严密的海上封锁，德军潜艇不得不远涉数百海里才能到达作战海域。大量潜艇奔忙于海上航行之中，始终无法在作战海域集中足够的潜艇以形成"狼群"。如今时机成熟，邓尼茨决定尽快实施"狼群"战术。

# ◎ "独狼" 出师不利

二战初期，德军潜艇单打独斗，虽然取得不错的战绩，但是潜艇司令邓尼茨认为单独作战毕竟威力有限，于是开始考虑采取集群战术（即后来的"狼群"战术）来对付大西洋上盟国的护航舰队，希望以较小的潜艇来攻击英国和斯堪的纳维亚各国及波罗的海各国的交通线。

1940 年 3 月 4 日，邓尼茨接到德国海军总司令部的命令："立即停止所有潜艇出航，海上的潜艇不得在挪威海岸附近活动，所有潜艇马上做好战斗准备。"

3 月 5 日，邓尼茨从德国海军总司令部打听到上述命令的内容。希特勒打算双管齐下分头快速占领挪威和丹麦。挪威的登陆地点选在纳尔维克、特隆赫姆、卑尔根、埃格尔宋、克里斯蒂安桑和奥斯陆，用于占领头 4 个港口的军队完全由军舰运输，用于占领克里斯蒂安桑和奥斯陆 2 个港口的军队由军舰和运输舰运送。此外，又以飞机运送部队进入斯塔范格尔、克里斯蒂安桑和奥斯陆。

挪威位于欧洲北部斯堪的纳维亚半岛西部，濒临大西洋，虽然靠近北极，但由于有大西洋暖流经过，沿海气候温和，大部分海面冬季不结冰。挪威有斯塔范格尔、卑尔根、特隆赫姆和纳尔维克等港口，还有可成为舰船理想锚地的众多峡湾。

挪威是德国进入大西洋的咽喉，德军一旦占领了挪威，就可以摆脱围于北海的"笼子"，进而拿到进出大西洋的通行证。对于德军潜艇来说，有了挪威的港口作为前进基地，可以大大缩短到大西洋的航程。

然而，德军潜艇在挪威海战中的表现令希特勒大失所望。

挪威海战中，德军 31 艘潜艇对英军战列舰、巡洋舰和运兵船发起 36 次攻击，无一次成功。其主要原因是鱼雷精确度差，磁性引爆装置失灵造成发射出去的鱼雷不是击不中目标，就是哑火。

4 月 15 日黄昏，德军 U-47 号潜艇在挪威海岸附近游弋，利用潜望镜搜寻猎物。突然，艇长普莱恩发现在一段狭窄的海湾停泊着 6 艘英国大型运输船，几艘驱逐舰为其护航。普莱恩果断命令潜艇潜入海底，等夜幕降临后发动攻击。

此时，U-47 号上的乘员跃跃欲试，非常兴奋。自从该艇击沉英国"皇家橡树号"战列舰后，他们还没有跟大型战舰交过手，主要是攻击英国的商船。这一次，U-47 号绝对不能错过机会，功劳簿上一定要填上"光辉"的一笔。

22 时，U-47 号像幽灵一样悄悄浮出海面，离英国运输船和驱逐舰大约 700 米到 1400 米，而此时运输船与驱逐舰正好在鱼雷攻击射程内。普莱恩下令发起攻击，4枚鱼雷朝着排列密集的船队直冲过去。艇员们竖起耳朵，静候熟悉的爆炸声。可是，鱼雷发射出去好一会儿却没有听到爆炸声。原来鱼雷没有爆炸，英军甚至没发觉U-47的存在。

普莱恩到鱼雷舱里仔细检查了鱼雷的走航深度。之后，他下令发起第二次攻击，几枚鱼雷接连发射出去，深度离水面3~5米不等。终于有一枚爆炸了，可惜它是在偏离航道后撞上断崖爆炸的。这次攻击不仅失败，还引起了英国皇家海军驱逐舰的注意。2艘英军驱逐舰掉头朝U-47号驶来，U-47号赶紧逃离。驱逐舰不失时机地咬住U-47号，并向其发射了一连串的深水炸弹，U-47号机舱受到破坏。

普莱恩急令U-47号潜入深海，关闭所有马达，头顶水面上英军驱逐舰的引擎"隆隆"作响，不停地投放深水炸弹。U-47号的柴油发电机被炸坏，潜艇眼看要变成"活棺材"了。艇长普莱恩仍然镇定自若，指挥潜艇一动不动。驱逐舰攻击一阵后，不情愿地退回去了，U-47号终于脱离了危险。

4月18日，德军U-47号潜艇与英军驱逐舰"威斯派特号"相遇。两舰艇间相距仅800米。艇长普莱恩不失时机地下令发射2枚鱼雷，结果2枚鱼雷相继错过目标后才爆炸。英军驱逐舰从惊慌失措中醒悟过来，开始拼命追击。U-47号觉得大势不好，早早就逃之夭夭了。艇员们犹如泄了气的皮球，士气非常低落。这些"窝囊的鱼雷"白白错过了2次机会，功没立成，还差点儿搭上性命。

后来，U-47号潜艇又发现一支向北航行的英国船队。可是，艇长普莱恩已经对鱼雷的准确度完全丧失了信心，他眼睁睁地看着这支船队渐渐消失在地平线后，才安全退回基地。德军潜艇司令邓尼茨知道后，冲普莱恩大喊大叫："为什么不发动攻击？为什么？难道你是来旅游的？"

面对长官的厉声指责，普莱恩哭笑不得："这些鱼雷不是'哑弹'就是'飞弹'，如果发射这些只会'报警'的鱼雷，就会引火烧身！"

U-47号潜艇连续出现几次失败，暴露出二战初期德国海军鱼雷技术的落后。二战爆发后不久的一天，德军U-56号潜艇艇长茨安少校在海上遭遇英军3艘战列舰"洛洛尼号""尼尔逊号""佛特号"，以及10艘驱逐舰。茨安下令对这个防范严密的战舰群进行攻击。3枚鱼雷命中"尼尔逊号"，却没有爆炸。茨安非常沮丧，从此变得喜怒无常，精神状态非常糟糕。不久，他被解除U-56号潜艇艇长一职，调往潜艇学校当教官。

在挪威海战结束之前，由于鱼雷接连不断发生故障，于是德国海军总司令部成立鱼雷事故调查委员会。经过调查，挪威海战中，鱼雷的磁气发火装置之所以在北方海域发生原因不明的故障，可能是因为该地域存在广泛分布的铁矿矿床。不过普莱恩少校使用的鱼雷采用的是击发发火装置，所以出现故障的原因一定是鱼雷的走航深度太深，使之无法爆炸。

鱼雷事故调查委员会再次对这个问题进行了调查研究。经过无数次实验后，发现了现有鱼雷的几个缺陷，并查明了原因。其中之一是由于发火撞针无法使雷管着火，其余鱼雷雷管虽然会爆炸，却不会引爆炸药。因此，当鱼雷以斜角度撞向敌舰时，有时也不会爆炸。茨安的鱼雷无法击毁"尼尔逊号"战舰就是最明显的例子。6月份以后，德军潜艇部队将原来配备的磁气发火式鱼雷暂时改为击发发火式鱼雷。

## ◎ 领袖气质

5月13日，丘吉尔在英国议会下院发表了著名的首相就职演说。丘吉尔以鼓舞人心的言辞，向英国民众传达了坚决抗击法西斯德国、捍卫大英帝国荣誉的决心。演说全文如下：

就在这个星期五晚上，英王陛下委托我重组内阁。此次组阁，包括所有的政党，既有支持上届政府的政党，也有上届政府的反对党。显然，这是议会和国家的希望与意愿，我已完成了此项任务中最重要的部分。

战时内阁已经成立，由5位成员组成，包括反对党的自由主义者，代表了我们国家空前的团结。三党领袖同意加入战时内阁，或者出任国家高级行政职务。海陆空三军指挥机构也已经得到充实。鉴于局势发展异常紧迫，仅用一天时间完成这个任务，是很有必要的。内阁其他许多关键职位昨天已经任命。今天晚上，我将再向陛下呈报补充名单，希望明天就能完成政府主要大臣的任命。其他大臣的任命，通常需要更多时间，但是，我相信再次开会时，这项任务将告完成，而且本届内阁在各方面将做到完整无缺。

丘吉尔就职演说

我觉得，向下院建议今天开会跟民众的利益是一致的。议长先生也同意我的建议，并根据下院决议赋予他的权力采取了必要的措施。今天会议结束的时候，我提议下院休会到 5 月 21 日，也就是星期二。当然，如果有必要的话，可以提前复会。下周会议的议题，将提前通知所有议员。现在，我提请下院，以我个人名义提出决议案，批准已采取的各项步骤，将它记录在案，并宣布信任新一届内阁。

如此规模又复杂的内阁的产生，本身就是一项严肃的任务。我们千万不能忘记，我们正处在历史上前所未有的战争的初始阶段，我们的勇士们正在荷兰和挪威的许多地区战斗，我们还要在地中海地区做好战斗准备。空战从未停息，繁重的战备工作务必在国内做好。

在这个生死攸关的危急时刻，我想，即使我今天在下院的演讲过于简略，也当能见谅。我还有个希望，希望因为本届内阁改组受到影响的朋友和同事及之前的同事，在礼节上的不周之处能够给予谅解。这种礼节上的欠缺，截至当前是很难避免的。正如我之前跟本届内阁成员所说的那样，我今天还要对下院说："我没什么可以奉献的，有的只是热血、勤劳、眼泪和汗水。"

今天，一场前所未有的严峻考验摆在了我们面前。今后，我们将面对无数漫长的斗争和艰难的岁月。

你们问：我们的政策是什么？我的回答是：贡献出我们所有的能量，利用上帝赐予我们的全部力量，在海上、陆上及空中同一个在人类黑暗悲惨的罪恶史上所从未有过的穷凶极恶的暴政进行无畏的战斗，这就是我们的政策。

你们问：我们的目标是什么？我用一个词就能回答：胜利！不惜一切代价，去争取胜利。不管多么恐怖，也要争取胜利，不管路途多么艰难与漫长，也要拼尽全力赢得胜利。

没有胜利，就难以生存。我们一定明白这一点：没有胜利，大英帝国就没有存在的可能，就没有一切，就没有促使人类朝自己目标奋勇向前的强烈欲望和动力。今天，当我挑起这个担子的时候，我心情舒畅，满怀希望。我坚信，大家不会任由我们的事业遭受失败。

今天，此刻，我觉得我有权利要求得到大家的支持，我要说："来吧，让我们齐心协力，携手前进！"

丘吉尔的就职演说让英国人第一次领略到他身为战时领袖所具备的那种坚毅无畏的品格。在英国漫长的历史上，还没有哪一位首相像丘吉尔这样简明扼要地陈述自己的施政纲领。这个貌不惊人的矮胖老头，令英国上下为之一振。

而此时，希特勒的铁甲雄师如同一道闪电，穿越色当，渡过马斯河，在一片广阔、无人防守的法兰西北部平原横冲直撞。法国人苦心经营的马奇诺防线在德军面前形同虚设，没有发挥出法国人想象的那种中流砥柱的作用。

5月15日，鉴于德国对英国的威胁越来越大，丘吉尔未雨绸缪决定给自己的老朋友罗斯福发一封电报。在电报中陈述了希特勒和墨索里尼的战争野心，并要求美国给予必要的军事援助。电文如下：

总统先生：

如今我尽管职务有所变化，但我相信你不愿意看到我中断我们之间密切的私人通信。就像你意料之中的那样，形势急速恶化。敌人空中占有绝对优势，他们的先进技术在法国人的心中留下了难以磨灭的印象。我个人认为，地面战争刚刚开始，我希望所有群众参加到战争中来。截至目前，希特勒仍然在用特种装甲部队和空军作战。不堪一击的欧洲小国就像火柴杆一样，轻轻松松就被击败了。尽管还不肯定，但是我们一定要准备好墨索里尼也将火急火燎地插手参加劫掠文明国家。我们预测，不久的将来，我们会遭到空中袭击及伞兵和空运部队的袭击。对此，我们已经做好准备。如果有必要的话，我们将继续单独作战，我们从来不怕单独作战。

可是，总统先生，我相信你比谁都清楚，美国社会的呼声和力量如果压抑太久，也许就起不到什么作用了。到了那个时候，你看到的将是一个完全被征服的法西斯化的欧洲，这个压力我们是很难承受得了的。鉴于此，我向你请求：你宣布非交战状态，也就是说，除了派遣武装部队直接参战外，希望贵国尽一切力量帮助我们。

目前，我最需要的是：

1.需借用四五十艘旧驱逐舰。由于我们现有舰艇力量不够强大，而自战争开始时即着手建造的大批新舰艇还不能列装，所以需要借用贵国服役多年的旧驱逐舰。明年我们就有足够的舰只了，但是在此期间，如果意大利动用100艘潜艇进攻我们，我们将难以阻挡，甚至全线崩溃。

2.需数百架新型飞机。这些飞机，你们正陆续得到交货。我们可以用正在贵国为我们制造的飞机来偿还。

3.防空设备和弹药。如果能支持下去的话，我们的防空设备和弹药到明年都很充足。

4.需钢铁等战略物资。由于我们的矿石供应是来自瑞典北非，或许还来自西班牙北部，所以我们就必须在贵国购买钢材，其他原料也是如此。我们只要还能支付美元，就一定会用美元购买。不过，我深信：就算我们没有足够的美元，你照样会给我们提供最需要的战略物资的。

5.贵国舰队访问爱尔兰。我们收到不少情报，说德军空降部队或空运部队很有可能入侵爱尔兰。如果贵国能派出一支分遣舰队访问爱尔兰的港口，毫无疑问将起到巨大的威慑作用。

6. 希望贵国能够制止日本人，使其不要在太平洋上有所行动。贵国觉得怎样利用新加坡能达到上述目的，就尽管利用好了。我们现有的详细材料，将另行送上。

致以良好的祝愿和敬意

前海军人员　温斯顿·丘吉尔


丘吉尔的落款头衔并没有用"首相"而是用"前海军人员"，足见这位老人当时的心境。他心里非常清楚仅仅靠英国自身的力量难以抵挡德军的凶悍攻势，为此必须争取强大的盟友。在丘吉尔的心目中，能与德国实力抗衡的只有美国和苏联。丘吉尔认为苏联是靠不住的，就只有向美国寻求帮助了，何况他与罗斯福的私人关系又不错。不过，美国国内中立派的势力强大，要说服他们介入战争显然是不容易的。为此，第一步应该尽快让美国放弃中立立场，支持英国，最好能从军援入手。目前，英国为保卫大西洋海上交通线的安全，迫切需要驱逐舰以增强反潜力量。

5 月 20 日，德军在西欧横冲直闯，迅速占领各战略要地，英法盟军节节败退。危急关头，丘吉尔再次致电罗斯福，向美国请求军事援助。


总统先生：

洛西恩（笔者注：英驻美大使）已经把他和你谈话的内容向我做了报告。我知道你眼前面临的种种困难，然后我还为那些驱逐舰的事情感到遗憾。假如这些驱逐舰能在 6 个星期内到达我们这里，它们将发挥难以估量的作用。法国的战场形势对于双方都有很大的危险。尽管我们重创了敌人的空军，使其遭受重大损失，但是他们的飞机在数量上占有绝对的优势。因此，我们目前最迫切需要的就是在尽可能早的日期尽可能多地运来目前出厂交付贵国军队使用的柯蒂斯 P-40 型战斗机。

英法盟军向德国开战

至于你与洛西恩谈话的结尾部分，我们的意见是，不管发生任何事情，都要在英国本土奋战到底。倘若我们能得到我们要求的援助，敌我双方将接近于势均力敌。如果目前形势得不到改观，本届政府就很有可能下台。然而，在任何情况下，我们都决不投降。如果本届政府下台，让其他人出面在这片废墟上与敌人展开谈判，那么，你就不能无视这样的事实，即同德国讨价还价的唯一筹码就只有舰队了。如果贵国听任这个国家受命运的摆布，那么，只要当时的负责人能为残存下来的居民争取到最有利的和谈条件，任何人将没有资格怪罪他们。

总统先生，请原谅我如此直率地提出这个令人生厌的问题。无论如何我都不能替我的后继者负责，因为他们在极端绝望和孤立无援的情况下，很可能屈服于德国人。幸运的是，当下还没有到考虑这件事的时候。再一次谢谢你的好意。

前海军人员　温斯顿·丘吉尔

6月10日，德军占领挪威。然而，这只是陆军和空军的胜利，对德国海军来说则是大败。英国海军将德军30艘舰船悉数歼灭，其中包括10艘驱逐舰。德军舰队只剩下1艘8英寸口径大炮的巡洋舰、2艘轻巡洋舰和4艘驱逐舰。丘吉尔在他的回忆录中对挪威海战做出这样的评价："德国人和英国海军展开了孤注一掷的战斗，就这样断送了他们的海军，从而无法应付即将到来的战争高潮。"

6月11日，意大利正式向英国宣战，德军占领挪威后，欧洲局势越发紧张。丘吉尔继续致电罗斯福，电报中再次谈到军事援助问题。

总统先生：

昨夜，我们都收听了你的演说，你的远见增强了我们的信心。特别是你关于美国将给予战争中的盟国以物质援助的声明，对处于黑暗还不至于绝望的盟国来说，无疑是一种极大的鼓舞。我们一定要竭尽所能帮助法国继续战斗，以防止"巴黎一旦陷落就成为谈判的时机"等任何试图妥协的念头的出现。你的声明给了他们战斗下去的信心，并赋予他们坚持下去的力量。法国人应当继续保卫他们的每一寸土地并发挥陆军的全部战斗力。如此一来，梦想速战速决的希特勒必定会受到挫折，进而转向我们，我们已经做好抵抗这个战争疯子的准备，坚决保卫我们的祖国。英国远征军已经救了出来，所以我们本土并不缺乏军队，各师一旦有了适合大陆军事需要的更好的装备，就立刻派他们前往法国本土。

我们的想法是打造一支强大的军队在法国作战，继续1941年的战争。关于飞机（包括飞艇），我已给你发去一份电报，这些武器装备在大不列颠生死存亡的关头是被迫切需要的，而更被迫切需要的是驱逐舰。意大利的残暴行动让我们认识到，一定要拥有相当数量的驱逐舰用来对付更多潜艇。这些幽灵似的潜艇极有可能进入大西洋，也许还会在西班牙的港口建立基地，而驱逐舰是唯一能够对付潜艇的舰艇。对我们来说，没有比贵国为我们重新装备的30或40艘旧驱逐舰更重要的了。只要这些驱逐舰一到手，我们将马上为它们装上潜艇探测器。在我们战时新建造的舰只下水前，贵国提供的驱逐舰可以在这6个月内弥补我们舰只的不足。不管什么时候你需要这些舰只，请提前6个月通知，我们一定把原舰或价值等同于原舰的舰只归还给你，决不延误。

将来的6个月至关重要。当前，我们没有能力两线作战，既要保卫东海岸免遭敌人入侵，又要对付德、意两国潜艇对我们商船的袭扰。如果非要这样的话，我们的海洋交通就很有可能被切断。海上交通是我们的生命线，一天也不能出现问题。

在此，我和我的同事对你为我们当前的共同事业正在做的及想要做的所有努力，表示由衷地感谢。

前海军人员　温斯顿·丘吉尔

　　丘吉尔的电报由于强调如果德军登陆成功并征服英国，将会给美国带来多么严重的后果，在美国的高级官员中引起了相当大的轰动。华盛顿要求英国保证，在任何情况下都决不将英军舰队交与德国。英国人既然已经准备牺牲，就更不怕做出什么保证了。其实，美国也需要英国继续与法西斯战斗。6 月份，美国援助英国 50 万支步枪、5.5 万支冲锋枪、2.2 万挺机枪、895 门野战炮。

　　6 月 22 日，法德在贡比涅森林签订停战协定，法国宣布投降。此时，大半个欧洲落入了希特勒的魔爪，唯一能与纳粹德国抗争的就只有英吉利海峡对岸的大英帝国了。

　　面对德国空前庞大的战争机器，英国危在旦夕。在生死攸关的时刻，不列颠民族再一次显示了它那不屈不挠的性格。于是，刚刚上任的英国首相丘吉尔在英国议会下院发表了著名的演说：

　　在欧洲，成片成片土地，许多古老闻名的国家，已经陷入或正在陷入秘密警察和纳粹政体的魔掌之中，但是我们决不认输，更不气馁！我们一定会战斗到底，我们将在法国战斗，将在海上战斗。我们将以不断增加的信心和不断增长的势力在空中战斗，不管付出多大的代价，我们都将誓死捍卫我们的所有岛屿。

# ◎ "狼群" 横空出世

6月22晚，1列德国军用列车缓缓驶入法国海滨小城洛里昂。在警卫们前呼后拥的护卫下，德军潜艇司令邓尼茨扬扬得意地走下火车，来到刚刚落成的德国海军潜艇前线指挥部。

当邓尼茨收到法国投降的消息后，不由得欣喜万分，盼望已久的时刻终于到来了。他终于可以在大西洋上集结足够数量的潜艇，来施展他梦寐以求的"狼群战术"。而今，占领了比斯开湾，法国的大西洋港口——布雷斯特、圣纳泽尔、拉罗歇尔和洛里昂港都被改建成潜艇作战基地，使潜艇抵达大西洋的航程整整缩短了800公里。如此，大大缩短了潜艇到达作战地区的时间，同样也缩短了潜艇和检修所之间的距离，进而弥补了现有潜艇数量上的不足，使德军在大西洋西部活动的潜艇数量几乎增加了一倍。也就是说，德军的潜艇开到了英国贸易航线的门槛上。

如今，德军潜艇毫不夸张地说，已经布置在从英国到非洲好望角的海上交通线的两侧。英国商船沿这个航线将尼日利亚的石油和南非的有色金属矿石运入英国。只要德军潜艇再向大西洋深入一点儿，就完全可以攻击运送阿根廷肉类和美国小麦的英国商船护航队。

英国海军对付德军水面舰艇堪称"无敌手"，而在反潜方面却显得有些力不从心。

护航队是英国海军对付德军潜艇攻击的主要防卫措施，但是只为大西洋的交通生命线提供了部分护卫。由于敦刻尔克撤退期间大量驱逐舰被击沉，担任警戒的军舰在挪威战役中又遭到严重损伤，造成英军护航军舰严重不足，因而就很难对德军的潜艇构成威胁。用水压引信发射的深水炸弹是英国海军攻击德军潜艇的主要武器。这种深水炸弹必须在潜艇近前爆炸时才能折断它的艇身，但是，深水炸弹一般是根据指挥员对德军潜艇位置的估计进行投射，因而误差率较大。对于经常在夜间出没的德军潜艇，潜艇探测器基本上不起什么作用。德军研究了从法军军舰上缴获的英军潜艇探测器，结果发现这种声呐只能在 400~600 码的距离发现水面状态的潜艇。鉴于此，邓尼茨决定拟订新的潜艇战术。

6 月 23 日，邓尼茨在潜艇前线指挥部召开作战会议。他要求艇长们主要在夜间从水面攻击盟军护航运输队。夜间，驱逐舰很难发现德军潜艇低矮的指挥塔，如果打开探照灯，反而会暴露自己，而夜空却可以把油轮和货船高耸的船身清楚地反衬出来，从而成为潜艇的活靶子。

6 月底，德军 U-99 号潜艇驶离威廉港，经北海穿过赫布里底群岛，到达预定巡逻区。几天前，艇长克里奇默尔只用 2 枚鱼雷便击沉了 1 艘加拿大货船和 1 艘瑞典货船。

7月8日夜晚，德军U-99号潜艇在爱尔兰和苏格兰之间的北海海峡浮出水面，监视哨警觉地扫着海面。艇长克里奇默尔斜靠在指挥合围栏上，叼着雪茄，悠然自得地吸了起来。突然，瞭望塔士兵向克里奇默尔低声报告："有情况。"克里奇默尔扔掉雪茄，举起双筒望远镜。远处地平线上，1支英国护航运输队分作两行在3艘驱逐舰的护卫下向西行驶。

克里奇默尔下令U-99号全速行进，2小时后赶到了护航运输队的前面，并占据了有利阵位。他命令U-99号下潜到潜望镜深度，等候船队的到来。他一直认为，混到船队中间出手是攻击护航运输队的最好最有效果的方法。这时，1艘英军驱逐舰迎面而来。克里奇默尔正要增大下潜深度，驱逐舰又突然改变航向，从艇艉方向开走了。随后，商船队分左右两翼，驶到U-99号的上方。

这个时候，克里奇默尔不用瞄准就能进行鱼雷攻击。鱼雷发射后，90度扇面以内都是非常好的目标。2枚鱼雷发射后，海面上风平浪静，就像什么也没有发生一样。

克里奇默尔气得火冒三丈："妈的，又是哑弹！"他下令尾发射管发射鱼雷，然而，鱼雷同样没有爆炸。他又瞄准了1艘大货船，进行第三次攻击，才勉强击中目标。

克里奇默尔下令："停止战斗，紧急下潜！"突然，水听器内噪声大作，他料定潜艇暴露了，英军驱逐舰正在高速追来。潜艇刚潜到45米处，就响起一片深水炸弹的爆炸声。1颗深水炸弹在近舷爆炸，U-99号猛烈地摇晃起来，控制室内一切可以移动的部件全部颠倒。潜艇一股劲儿地下跌，一直滑到大约110米的深度。

英舰声呐发出的呼呼声令人心惊肉跳，水听器传来的螺旋桨声震耳欲聋。

不一会儿，噪声消失，四周再次响起深水炸弹爆炸的巨响。U-99号潜艇来回晃荡，艇员们赶紧抓住身边的支撑和管路，以免摔倒。潜艇好不容易恢复了平衡，受损不是很严重，但航速大减。U-99号水下最大航速只有八九节，即使全速行进，比水面舰艇仍要慢得多。

克里奇默尔一筹莫展，期待英军驱逐舰失去目标，或者投完所有深水炸弹。英舰攻击了2个多小时，又1颗深水炸弹在近舷爆炸，排开的海水将潜艇艇壳压得嘎嘎直响。艇内氧气补给中断，克里奇默尔下令大家躺下，以减少氧气消耗，并戴上呼吸罩。在一段时间内，呼吸罩通过一种化学碱可以净化艇内慢慢污浊的空气。

6小时后，英舰攻击停止。克里奇默尔离开控制室，到各部门检查情况。蓄电池组的电能眼看就要耗光，潜艇一旦失去速度，就只有两种选择：一是压缩空气，让艇浮出水面，和英军驱逐舰拼命；二是继续伏在海底，如此艇壳将有被深水压破的风险。经过反复斟酌后，他选择了后者。坐沉100多米的海底深处，连续6个小时静默不动，艇内环境越来越恶化。厕所冲水后粪便漂起来，臭气熏天。艇员们又都改用马桶，可是这样一来，各舱内的空气更加恶化。

12个小时过去了，艇内的二氧化碳含量在迅速上升，有的艇员开始出现窒息的征兆。

又过了2个小时，英军驱逐舰的螺旋桨发出的轰鸣声才渐渐远去，U-99号潜艇也慢慢恢复了平衡。艇长克里奇默尔终于可以松一口气了，这时才发现自己浑身被汗水浸了个透。

7月9日凌晨，德军U-99号潜艇下潜18个小时之后，终于浮出水面。克里奇默尔急忙打开了升降口盖，抓着扶梯登上指挥台。这时，柴油机启动了，风扇将清新、冰冷的空气送入艇内。艇员们争先恐后地钻出潜艇，横七竖八地躺在湿淋淋的甲板上，贪婪地呼吸着夹杂着咸味的空气。

7月12日，德军U-99号潜艇悄悄逼近1艘希腊货船，将其一举击沉。随后，U-99号又引导1架德军轰炸机，炸毁了苏联货船"默里萨尔号"。3天后，它又用鱼雷将英国客轮"沃德布里号"拦腰炸成两截。这个时候，艇长克里奇默尔终于心满意足，下令返回洛里昂基地。洛里昂基地码头，鲜花摇曳，鼓号齐鸣。克里奇默尔被邓尼茨捧成了"潜艇英雄"。在德军潜艇部队里，克里奇默尔的知名度和U-47号潜艇艇长普莱恩不相上下。

此时的德军潜艇尽管走出了低谷，邓尼茨却兴奋不起来。U-99号再次暴露了单艇作战的弱点。首先，单艘潜艇在大西洋上难以搜索和发现英军护航运输队；其次，单艘潜艇难以与数量上占优势的护航军舰相抗衡。U-99号潜艇起初发现了护航运输队，可是它仅仅击沉了1艘商船便被护航军舰逼得东躲西藏，险些丧命。潜艇集群战术势在必行，邓尼茨这一想法产生于一战。那是一段令他终生难忘的时光。

一战后期的某一天，一艘老式德军潜艇U-68号在马耳他东部海域的狂涛中艰难地航行。突然，27岁的年轻艇长邓尼茨在潜望镜中发现了一个英国护航编队。邓尼茨指挥U-68号潜艇成功突破英军驱逐舰的警戒线，只用1枚鱼雷就将1艘数千吨的商船送入海底。当U-68号潜艇准备攻击下一个目标的时候，突然失去了平衡，艇艏迅速下沉，眼看全体艇员就要葬身海底。潜艇压力表上的数字疯狂地跳动，69米、70米、80米……船壳被海水压得吱吱响，随时可能被挤扁。紧急关头，邓尼茨下令排空所有的压载水柜，然后全速倒车。压力表上的指针颤动了几下，迅速指向了0米。当邓尼茨打开指挥塔舱盖探身四顾时，被海面上的情景惊呆了。潜艇在光天化日下漂浮在英国护航编队的中央，编队汽笛长鸣，所有的炮口指向了这艘自投罗网的不速之客。邓尼茨和他的全部艇员成了英国人的俘虏。

在英国的约克夏战俘营，年轻的邓尼茨一边啃着土豆，一边思考着德军潜艇部队的未来。德军潜艇失败的教训使邓尼茨得出了这样的结论：潜艇单艇攻击的战术已经过时，潜艇最大的敌人莫过于英军的护航编队，当敌人的商船集合编队在作战舰艇的护卫下航行时，每一艘潜艇发现目标的概率将大大下降，而一旦发现目标后，任何一艘单独作战的潜艇都无法给编队航行的大型船群造成致命的打击。

经过长时间的苦思冥想后，一个崭新的潜艇攻击战术在邓尼茨的脑海中形成。邓尼茨把他的新战术命名为"集群战术"，这种新的战术要求将海上的潜艇编成统一的作战群，潜艇群呈扇面展开在交通线上，以提高目标的发现率，先锁定目标的潜艇将使用无线电将目标的方位和航向、航速报告岸上的指挥中心。指挥中心向所有的潜艇下达集结的命令，并指定一位经验丰富的艇长担任指挥。这样，任何一艘潜艇发现目标都等于所有潜艇发现了目标，而联合攻击的艇群将有足够的鱼雷给被发现的编队造成致命打击。由于这种攻击战术与草原上狼群攻击羊群的战术十分相似，所以人们又把它称作"狼群战术"。

"狼群"通常昼伏夜出，白天潜伏，夜间发起攻击。"狼群"一旦发现猎物便紧紧咬住不放，要想甩开或驱散非常困难。当然，要想成功实施"狼群"战术，潜艇必须具有良好的无线电通信能力，艇长们必须经过严格训练。

当邓尼茨回国并担负组建新的潜艇部队的任务时，便开始积极地将"狼群"战术贯彻到每一艘德军潜艇的日常训练中。他坚信总有一天德军的潜艇会向英国海军报当年的一箭之仇。令邓尼茨感到遗憾的是，以雷德尔为首的水面战舰派军官在海军中占据着统治地位，他们迷信大炮巨舰的威力，长期忽视潜艇的作用。二战爆发后，英国海军对德国实行严密的海上封锁，德军潜艇不得不远涉数百海里才能到达作战海域。大量潜艇奔忙于海上航行之中，始终无法在作战海域集中足够的潜艇以形成"狼群"。如今时机成熟，邓尼茨决定尽快实施"狼群"战术。

7月16日，邓尼茨在德军潜艇部队司令部主持召开作战会议。艇长们到齐后，邓尼茨面向标有敌方航船动向的地图说："占领法国后，我们的航程一下缩短了450海里，潜艇的作战效率大大提高，既能迅速赶到作战海区，又能在海上停留更长时间。这就为潜艇实施'狼群'战术创造了极为有利的条件。现在英国的护航运输队不得不避开比斯开湾，改走爱尔兰北部海域。我们不妨来个将计就计，组成'南方潜艇群'，把潜艇配置在英伦三岛附近，待机出动。"

邓尼茨越说越兴奋，拿起指挥棒，在地图上比画着："潜艇待机队形有三种：排成一队，来回搜索某片水域；组成一条固定的巡逻线，各艇间距约25海里；摆成一个长方形，封锁一片海域。长方形的大小视潜艇数量而定，每艘艇负责巡逻指定的水面。"

邓尼茨说完后，参加会议的艇长们纷纷表示赞同。U-47号潜艇艇长普莱恩问："那么，这潜艇群由谁统一指挥呢？"

邓尼茨微微一笑："关于统一指挥的问题，当然是由我来负责了。你们要随时把各自的位置和发现护航编队的位置报告给我，由我来统一协调，组织攻击。必要的时候，我会指定某位艇长为现场指挥官。"

## ◎ 为求援，反复斡旋

7 月 24 日，罗斯福致电丘吉尔，商议签署一项关于用美国驱逐舰交换英国在美洲的若干殖民地以组建美国海军基地的协议。

7 月 31 日，为争取美国更多的军事援助，丘吉尔再次给罗斯福发去一封电报，他在电报中详细陈述了英国海战的艰难处境。

总统先生：

自从上次我冒昧以个人名义给你发电报以来，已经有一段时间了。这中间发生了许多事，有好事也有坏事。如今到了非常紧急的时候，请你让我们获得我们以前所要求的驱逐舰、汽艇和飞艇。如今，德军占领了法国全部海岸，他们经常从那里派出潜艇和俯冲轰炸机袭击我们的商船和粮食运输船。此外，我们的海军需要经常准备击退可能从英吉利海峡来的进攻，还要警惕从挪威向爱尔兰、冰岛、谢特兰群岛和法罗群岛的袭击。另外，我们还要控制地中海的出口，如果可能的话，还要控制整个地中海内海，从而制止战火波及非洲。

我们已经在建造大批的驱逐舰和驱潜舰，不过在今后3~4个月里，我们的舰只不够应付上述战争，关于这一点我在上次的电报中已经说清楚了。近来，我们的船只遭到敌人的空袭，损失严重。

近10天，我们被炸沉的驱逐舰多艘，它们分别是："布拉曾号""科德林顿号""第莱特号""鹪鹩号"；还有这几艘被炸伤："猎犬号""朔风号""光辉号""格里芬号""蒙特罗斯号""沃波尔号""怀特西德号"。这一切竟然发生在敌人企图登陆之前！驱逐舰容易受到敌机的轰炸，但是它们还必须得在遭受空袭的地区巡航，以防止来自海上的袭击。我们经受不起长时间这样的损失，假如得不到强有力的增援，则战争将很可能由于这个次要的、容易弥补的因素而遭到失败。

我已将我们当前的处境和盘托出，现在你已清楚了我们的形势，相信你一定会竭尽所能，立即给我们送来50或60艘贵国最旧的驱逐舰。我们会以最快的速度给它们装上潜艇探测器，以便在西部航道上对付德军的潜艇，从而能够把比较新的和炮火较好的舰只部署在英吉利海峡，以防敌军偷袭。

总统先生，我是怀着无比崇高的敬意向你说明这一切，这是目前的当务之急。明年我们将造出大批舰只，可是在1941年之前，危机就要来临。我相信，你将充分运用你手中的权力，不过我觉得我有资格并有义务向你阐明局势的紧迫性和严重性。

假如贵国答应借给我们驱逐舰，那么我们迫切需要的汽艇和飞艇也请随之给予。

我已经感觉到，如果英国能度过三四个月，则战争前途将很有希望。

空战方面情况良好。我们已击退了敌人的空袭以及对德国进行了轰炸。上述这些对希特勒来说，无疑是一次沉重的打击。不过，敌人的空袭使我们的驱逐舰也遭受了沉重的打击，以致无法保护横渡大西洋的粮食运输和来往商船。

今晚，最近一批步枪、大炮和弹药的运输船队就要到达。专车早已到来，在等待将武器运送给部队和国民自卫军，他们如不大量杀伤敌人是决不会放下这些武器的。我坚信，由于你非常清楚海上的情况，你将不会让我们因为缺少这些驱逐舰而难以渡过难关。

前海军人员　温斯顿·丘吉尔


丘吉尔的上述电报发出 3 天后，又给英国驻美大使洛西恩发去一份电报："第二个办法，即把英国拥有的一些基地让与美国，可以答应，不过我们宁愿无限期地租借也不可卖出。不言而喻，这将会使我们能够立即获得驱逐舰和飞艇。你应当让诺克斯上校和其他人知道，我们赞同这样的要求。" 3 天后，丘吉尔收到洛西恩的回电：罗斯福先生期望就英军舰队将来的归属立即得到答复。

8 月 7 日，丘吉尔就英军舰队归属及英美合作等问题致电英国驻美大使洛西恩。


我们迫切需要的那五六十艘驱逐舰，希望尽快交付。这三四个月中，美国借给我们驱逐舰是对我们最好的帮助，这比其他任何形式的帮助都有效。你应该知道，我们非常愿意将西印度群岛的海军和空军基地无限期地租借给美国，这种无偿租借的基础是大不列颠和美国的海军和陆军双方的共同利益。

诺克斯上校若提出这种性质或类似这种性质的建议，前提是立即把上述驱逐舰交与我们，我们将欣然接受。但是，这件事和任何有关英军舰队将来归属的磋商或声明毫无关系。我们显然不可能就这一问题发表任何声明，也不同意美国发表任何声明。我在给你的密电和致罗斯福总统的电报中，曾一再强调：假如敌人入侵大不列颠成功，吉斯林式的政府在英国成立，并为战后残存的民众争取尽可能优渥的条件，那时美国将面临什么样的危险。我发现，大家已经意识到这种危险的严重性，这让我感到非常欣慰，所以你绝对不能有意无意地缩小这种严重性。

美国政府对上述问题的焦虑不安是有理由的，我们不要减轻他们这种不安的心情。再说，就我们的立场来说，我们不愿把我们的崩溃作为讨论的题目。几星期前，我曾跟你说过，没有正当理由讨论任何有关英军舰队转移到美国或加拿大海岸的问题。我甚至禁止任何参谋人员谈论这一问题，更不允许有任何技术上的准备，就算是做一个计划也是不允许的。

另外，我要特别提醒你，我们决不能同意为了获得急需的驱逐舰或类似驱逐舰的舰只而发表这种声明。请你立即表明这一点：一旦涉及我们的行动自由，我们绝不会做哪怕是最轻微的让步，也绝不允许发表任何相关的声明。因为这样做，后果是不堪设想的。

尽管我在 6 月 4 日的演说中认为，最好是让德国人认识到无限期海战的前景，可是我们不能容忍任何中立的友邦来谈论这一问题。当然，如果美国参战的话，就成了我们的盟国，我们将会与他们并肩作战，并在这场必胜的战争中，在任何时候都将主动提出和他们协商如何采取最妥善的部署。你在同罗斯福总统的第一次谈话中，就曾预见了这一点。当时你跟我说，你断言，除非美国成为同盟国成员，我们绝对不会把英军舰队的一兵一卒送往大西洋对岸。

8月15日，丘吉尔致电罗斯福，向其表达了英国抗击纳粹德国的决心，以及感谢美国政府给予的帮助和支持。

总统先生：

我无意告诉你，当我接到你的电报时心情是何等的欣慰。我不知道如何才能报答你为了给予我们一切可能的援助而做出的种种不懈努力。我仍然坚信，你将尽自己的最大努力来帮助我们，你让与我们的每一艘驱逐舰的价值都是无法衡量的。然而，我们也很需要你所提到的摩托化鱼雷艇，和尽可能多的飞艇、步枪。你可知道，我们有100万人手中没有步枪。

在这生死存亡的紧要关头，贵国政府和人民给予我们的这些援助，在道义上的价值是无法衡量的。对此，我们不胜感激。

你提到的有助于你向国会和其他有关部门进行斡旋的几点，我们将一一照办。不过，如果我说，一定要保证如期让我们获得舰只和飞艇，我们才愿意这样做，相信你也不会对我有所误解吧。就英军舰队提出保证的问题，我正准备向你重申我 6 月 4 日在议会下院的讲话。我们一定会战斗到底，没有人愿意投降或者凿沉舰只来换取和平。当你引用我这一再提及的保证时，请记住，如果让人们产生这样一种印象，觉得征服英伦三岛及其海军基地是有可能的，那么，从我们的立场来看是极其有害的，就算从贵国的立场来看也是没有好处的。我们的人民斗志高昂，表现出了前所未有的坚定信念。上周的激烈空战大大加强了他们战斗到底的信心。

关于海军和空军基地的问题，我欣然同意你提出的租借 99 年的办法。对我们来说，这个办法比购买更容易接受。我相信，我们之间一旦就原则问题达成了协议，细节问题调整就可以从容地进行。另外，关于纽芬兰的基地问题，我们还需要同纽芬兰和加拿大政府进行磋商，因为加拿大跟这个问题也有利害关系。请放心，我们将马上征得他们的同意。

总统先生，请让我再一次由衷地感谢你对我们的帮助和鼓励，这对我们来说是非常非常重要的。

前海军人员　温斯顿·丘吉尔

英国驻美大使洛西恩认为丘吉尔的回电措辞恰到好处。他说，目前正好有一个机会，使罗斯福可以不经立法程序借给他们 50 艘驱逐舰，但还不能肯定，不过洛西恩认为，英国应当立即把驱逐舰的水兵派到哈利法克斯和百慕大。如果美国驱逐舰准备停当而没有英国水兵把它们开过大西洋的话，这将在美国造成极坏的印象。当美国人看到已在待命的英国水兵时，美国国会自然感到情况紧急。

## ◎ 不列颠不再孤单

8月16日，美国总统罗斯福在记者招待会上发表声明："关于保卫西半球尤其是巴拿马运河，而获得海、空军基地的问题，美国政府正在同英国政府磋商。另外，美国政府还在同加拿大政府就西半球的防御问题进行商谈。"

罗斯福称，美国将给予大不列颠某种东西作为交换，不过他还不知道这些东西究竟是什么。他曾不止一次地着重指出，关于空军基地的谈判同驱逐舰问题没有任何关系。他说，驱逐舰不包括在将来的安排中。罗斯福要充分考虑到美国国会和海军当局的意见，所以竭力对美国人民说明与英国的这笔交易非常有利：美国用几支陈旧的驱逐舰舰队便可在危急时刻换取无限的安全。

为了使英国人民能理解并接受这笔英国历史上前所未有的不平等交易（美国驱逐舰换殖民地），丘吉尔于8月20日在议会的讲话中指出："最近，美国总统罗斯福曾明确表示，愿同我们商谈有关在纽芬兰和西印度群岛发展美国海军和空军的设施问题。当然，此举并没有涉及任何转移主权的问题，也没有不经各有关殖民地的同意或违反其意愿而采取任何行动的问题。英王陛下政府衷心愿意在租借99年的基础上将防御设施移交给美国。我们相信，这样做对我们的好处并不少于对他们的好处，而且符合殖民地本身以及加拿大和纽芬兰的利益。"

他最后说："毫无疑问，这意味着英语世界的两大民主国家为了共同的利益，将携起手来并肩战斗。从长远来看，这种措施没有什么可以担心的。即便我想制止也制止不了，没有人能够制止。就像密西西比河一样，浩浩荡荡，就让它奔流吧！"

8月22日，丘吉尔致电罗斯福，继续争取美国的援助和支持。电报很长，体现了丘吉尔高超的外交能力，摘要如下。

你为我们所做的一切，我们不胜感激。你我之间，我从来没有考虑到过诸如合同、讨价还价或售卖之类的事。我们的内阁会议决定向贵国提供大西洋沿岸的海军和空军基地设施，完全不以驱逐舰和其他援助为条件。我们认为，我们两国是患难中的两个朋友，理应竭尽所能，互相帮助。鉴于此，我们心甘情愿提供上述设施，并且没有任何条件。假如你明天发现移交驱逐舰有一定的难度，我们的决定仍然有效，因为我认为这是对我们双方都有益的事。

现在提出或者以任何方式承认你援助我们的军火是用来偿付上述海军和空军设施的，我认为这样做很不妥当，甚至很危险。这种概念一旦被接受，两国人民就会斤斤计较起来。他们将会以货币为标注衡量这些军火的价值，有人认为很值得，有人则认为很不值得。

除此之外，正如总统先生你所熟知的，每一个岛屿和每一个地点情况各不相同。比如，如果只有一个港口或一个据点，应该怎么划分，如何分享它的利益？这个时候，我们将会向你提出一个对双方都有利的建议，而不是锱铢必较，争得面红耳赤。

我们希望，以我们的一切使贵国获得安全的设施，使你在大西洋彼岸感到安全。当然，若贵国想加大资金以扩大规模，则必须获得长期租借的实际保证。

鉴于此，不论是关于此事还是关于舰队的前途，我都心甘情愿停留在我昨天议会所做的声明上。如果你能将希望得到的东西详细列举出来，我们将马上告诉你，贵国哪些能够办到，进而让我们的专家做出技术和法律上的必要安排。

另外，关于你认为可以给予我们的军火援助等，我们完全听凭你的裁决和贵国人民的意见。这完全是贵国对这一世界战争的看法，根据贵国的切身利益与这一战争的关系以及这一战争所要维护的事业而自行决定的事情。

这几天，虽然空袭开始减少，我们的力量日渐增长，但是我认为那个暴徒还没有把拳头完全伸出来。在我们通向海洋的唯一定期航线——西北航道上，大批商船遭受偷袭。假如贵国的50艘驱逐舰能及时到达，对我们将是一种前所未有的帮助。


同一天，英国驻美大使洛西恩在给丘吉尔的电报中说，美国副国务卿萨默·韦尔斯先生曾告诉他，由于总统在宪法中所处的地位，他"绝不可能"

把这些驱逐舰当作礼物送人，只能把它们当作给英国的"交换条件"。根据美国现行法律，无论是海军参谋长或是海军总部都不能提出证明，说这些舰只对国防无关紧要，而没有这种证明，除非用一种能经他们证明是有助于美国安全的具体措施来换取，否则便不能合法地转移。总统曾设法另辟蹊径，但始终无路可寻。

8月25日，丘吉尔就争取美国军事援助问题继续致电罗斯福。


我深深地理解，你在法律和宪法上遇到的阻碍，你希望签订一个正式的书面合同。但是，恕我冒昧，我能预料这种程序将会遇到何种困难，甚至遇到何种危险。为了获得我们提出的那份单子上所列的我们迫切需要的工具，我们收到你的要求，把"根据美国的判断而提出的"从纽芬兰至英属圭亚那的所有岛屿和地区不加限制地让与贵国使用。如果我们不能答应贵国专家们提出的一切要求，我们岂不是要被指责为破坏我们已经付出了代价的合同吗？贵国承担的义务是有限的，而我们则是无限的。我们尽管特别需要这些驱逐舰，却不愿意为了获得它们冒与贵国发生误会的危险，或者与贵国进行严重的争论。如果合同上想写明此事，则必须双方义务分明，尤其是对我方义务的规定，必须比以前更加明确。但是，这样一来势必要耽搁一些时间。

正如我多次指出的，我们之所以需要这些驱逐舰主要是为了弥补我们新造舰只到达前这段时间海军势力的不足。这些新造舰只，在战争刚刚爆发时就开始建造了。新造舰只的数目很多，比如，2月底我们将验收20艘驱逐舰和中型驱逐舰、60艘轻型驱潜快艇、37艘摩托鱼雷艇、

25 艘摩托反潜艇、104 艘"费尔迈"式木制反潜巡逻艇、29 艘 72 英尺长的汽艇。在随后的 6 个月中，将有更大一批舰只建造完成。

在这批新舰只紧锣密鼓建造并即将下水的期间，贵国的 50 艘驱逐舰可谓无价之宝。贵国的驱逐舰如期到达，就可以大大减少西北航道上船只的损失，还可以在地中海对墨索里尼采取更强硬的手段。由此可见，时间紧迫，刻不容缓。然而，如果只是为了度过舰只短缺阶段，就开出一张随意使用我们在大西洋的全部属地的空白支票，无论如何是不可取的。尽管在这段时间内会遇到难以预料的危险和灾难，我们还是希望靠自己想办法解决。

在此，我已经非常坦诚地将我们的困难说清楚了，我想你一定会理解的。

接下来的程序不知是否可行？我将立刻提出某些相当明确划定的设施，以此来表明我们打算出让的范围。双方专家可以就这些设施或另外有所增减的设施进行商谈，而我们对我们所能出让的设施保留最后的决定权。

我们会大胆放手去做，至于贵国人民是否愿助我们一臂之力，就全凭他们的慷慨和好意了。英王陛下政府的既定政策是向贵国提供可靠而有效的设施来保护其大西洋海岸，并在贵国需要的时候即时交付。我已指示海军部和空军部起草我们拟提供的设施，同时给贵国专家留有另外选择的余地。我会在两三天内把我们的初步意见送到你手上，在适当的时候公布于众。如此，才能避免不必要的争执，而贵国人民也会对我们更为热情，因为他们将看到，我们是为了全世界的正义而战，对他们的安全和利益自然也是非常关切的。

假如根据贵国的法律规定或者出于海军的要求，你打算给予我们的援助必须作为与英国的"交换条件"，那我就看不出我国政府为什么非这样做不可了。

我向来视你为老朋友，对你不辞辛苦的努力感激不尽，并为给你增加的负担，深表歉意。

8 月 27 日，丘吉尔就英国殖民地换美国驱逐舰的问题继续致电罗斯福，并向其阐述援助的重要性及迫切性。

我已经从洛西恩勋爵处获悉贵国想得到的设施。我们的海军和空军专家站在你们的角度研究了这个问题，随后得出了基本相同的结论。专家们认为，安提瓜可以作为飞艇基地使用。我们欢迎贵国使用安提瓜。我们既定的政策是使贵国在它的大西洋沿岸"万无一失"地确保安全。"万无一失"这句话是谁说的（编者注：美国前总统威尔逊于 1917 年所说），相信你应该记得吧。

我们准备根据这种思路向你提出一个积极的建议。当然，我们应就细节问题立即进行磋商，但是由于我在上一封电报中申明的理由，倘若发生分歧，我们不想用仲裁的办法来解决。其原因是，作为赠予者的我们必须根据我们给予的设施的总的范围对其内容保留最终决定权，并且希望始终如此，即我们将竭尽所能，满足贵国的要求。

至于洛西恩勋爵起草的致国务卿的两封信，我没有意见。我们之所以不同意发表第二封信的唯一理由是：我始终认为今后投降或自行凿沉舰队和残余舰只的更可能是德国政府。如你所知，他们在这方面是有过经验的。你可曾记得，几个月前，我给你发的一封私人电报中曾经提到，这种事情是懦夫干的，我们每一个人都是这样的看法。

我们向贵国提供设施后，如果你觉得可以把以前提到的"工具"或你认为适当的其他东西交付我们，此事就可以解释成这样：不是补偿或照顾我们，而是承认我们为贵国的安全尽了一分力。

总统先生，最近墨索里尼开始威胁希腊，如此一来此事显得越发迫切。我们如果以长远的目光和崇高的善意来办理此事，我们完全可以挽救这个古老的小国免遭法西斯的侵略和蹂躏，甚至是未来的 48 小时也至关重要。


9 月 2 日，在罗斯福和丘吉尔的共同努力下，英美两国就基地换军舰的问题经过反复磋商，终于签署了正式协议。协议规定：英国把在巴哈马群岛、牙买加群岛、安提瓜岛、圣卢西亚岛、特里尼达岛和英属圭亚那等地的海防空军基地的主权转让给美国，期限为 99 年，以此来换取美国在一战期间及战后不久建造的 50 艘旧式驱逐舰。纽芬兰的阿根夏和百慕大基地也给了美国，但这是无偿的，不是该协议规定的。

9 月 5 日，丘吉尔就英美签署正式协议的消息向英国议会下院做了通报，其措辞非常谨慎。


上次我在这里演讲时，就料到了英美两国之间将会发生一件大事。

果不其然，现在此事已经发生，并且得到了圆满解决。我认为，对于这件事情的解决，英美两国的人民普遍感到满意，也鼓舞了我们全世界的朋友。总想着通过玩味来往的官方照会，从而误解超过文件字面上的含意，那是非常错误的。此次进行的交换完全是两个友好国家之间本着信任、同情和好意的精神互相支援的措施。通过双方充分协商，这些措施才变成了一个正式协议。我们一定要按照这些措施所体现的意义来理解。只有愚昧无知的人才会认为，美国把驱逐舰交给英国违反了国际法，或者影响了美国的非交战立场。

我相信，最不喜欢这次驱逐舰借用的人是希特勒先生，并且我还相信，他一旦抓住机会，肯定会向美国发泄怨气。因此，我很高兴看到美国的海陆空三军前线已经沿着一条宽阔的弧线伸展到大西洋，使他们可以在远离其本土几百英里以外的地方扼制危险。海军部曾对我们表示，他们渴望获得这 50 艘驱逐舰，这样他们就可以非常顺利地度过舰只匮乏的困难时期。我曾在这里讲过，在我们战时计划中的大批新造舰只使用之前，不可避免地会出现一段舰只匮乏期。

我想在座的各位早已意识到，明年我们海上的力量将比现在强大得多，就算是现在，我们也有足够的实力应对当前的一切。

眼下，我们应当毫不迟延地把美国的驱逐舰编入现役部队。其实，我们的水兵已经出现在各移交港口，可以随时准备接手，这也算是有准备的巧合吧。当下，我对这件事实在想不出还有什么要说的了。

现在不玩弄辞令，请允许我郑重地向在座的各位说一句话：当你得到所需要的东西时，最好顺其自然，不要再追问。

丘吉尔在谈到与美国的"交易条件"时，站在英国的立场，言辞恳切，最终得到了议会下院全体成员的同意。英国人不仅得到了急需的作战武器，更重要的是，自法国沦陷后，一直孤立无援、背水一战的英国获得了一个强有力的盟友。美国人对这项协议普遍表示欢迎，他们深信因转让 50 艘陈旧的驱逐舰而得到了更大的好处。有家报纸称，那些英国军事基地为"我国东面的钢铁堤防"。

# 第三章

## 潜艇群海上肆虐　英海军围捕舰王

对一般战舰来说，只要被 1 枚鱼雷击中，将会非常危险。然而，"俾斯麦号"战列舰是舰王之王，其防护装甲惊人，舷外还有防鱼雷装置，因此，1 枚鱼雷在其右舷腰部爆炸后只是伤及皮毛。

## ◎ "狼群"初试锋芒

英美协议签署的消息传到柏林后，德军最高统帅部的气氛骤然紧张起来。这个消息对希特勒来说，无疑是当头一棒。英国从美国得到的那些陈旧的驱逐舰实施大规模水面作战也许不堪一击，可要是装上声呐用来对付德军潜艇还是绰绰有余的。这些驱逐舰将会在英国护航战中发挥非常重要的作用。让希特勒更加不能接受的是，美国的举动表明它已从中立国转为非交战国，公开站在英国一边，随时都有参战的可能。

希特勒大骂美国人不守中立法，并命令空军总司令戈林加紧调动兵力，要将伦敦从地球上抹掉。希特勒认为，只要美国由罗斯福领导一天，德国与意大利和日本瓜分世界的梦想就一天不得实现。他私下多次表示，早晚要对付美国，而且要"狠狠地"对付，不过眼下只能对付一个国家。

当德国海军总司令雷德尔获悉美英签订了这项协议时，气急败坏地要求把德军的潜艇派往美国领海进行报复。希特勒阴沉着脸说："不，我们迟早要对付罗斯福这个瘸子,但不是现在。"希特勒走到办公桌旁,伸出右手转动地球仪,指着上面的"英国"和"苏联"说:"我们只有在打败英国和苏联后才能那么做。到时候,德国将与日本和意大利联手收拾暴发户美国。"

9月6日,希特勒同意雷德尔使用潜艇同英国商船"进行最残酷的战争"。这表明德国全盘抛弃了以往有关实施潜艇战争的一切限制,美国的商船也可能被"偶然"击沉。9月以后,德军潜艇在北海海峡附近海域大规模出击,掀起了袭击商船的阵阵浪潮。

10月16日夜,1支编号为SC-7的英国护航运输队正在洋面上破浪前进。经过3天的航行,SC-7护航运输队已经到达北大西洋的洛卡尔沙洲附近海域,离目的地只有一半航程。这是1支由34艘舰船组成的慢速护航运输队,其中30艘商船满载着各种工业原料,4艘护卫舰分成两列在夜幕中缓缓地向前移动。担任编队队长的是阿巴斯,他是一个老资格的皇家海军军官,他站在舰桥上巡视着他的船队。再有两天多,编队就可以安全抵达英国了。此次出航还算顺利,在上船之前,阿巴斯听到过不少风言风语,说最近两个月来不少商船遭到德军潜艇的攻击,有的护航运输队甚至被德军潜艇追赶了几天几夜。

德军潜艇司令邓尼茨办公室响起了轻微的敲门声。得到允许后,一名参谋走了进来:"报告将军,前方潜艇报告,发现英国护航运输队。"

最先发现英国护航运输队的是部署在洛卡尔沙洲西北海域的U-48号潜艇。邓尼茨立即在图上标出英国SC-7护航队的位置、航向、航速、船数和护航兵力,随即命令无线电通信兵通知U-38号、U-46号、U-99号、U-100号、U-101号和U-123号潜艇迅速赶赴作战水域,对英国船队实施围歼。

U-48 号潜艇艇长布莱克·劳特少校贪功心切，没等其他潜艇赶到便在夜幕掩护下悄悄地靠近英国商船。眼前出现的 3 个目标彼此重叠。机会难得，他立即下令发起攻击。2 枚鱼雷直奔百米外的目标。随后，U-48 号掉头撤离。两声巨响打破寂静的夜空，两枚鱼雷分别击中目标。顷刻间，2 艘商船便沉入了海底。

巨大的爆炸声将熟睡中的 SC-7 护航运输队队长阿巴斯惊醒。一名水手前来报告：“编队侧前方遭到德军潜艇袭击！”

阿巴斯跑步上了舰桥指挥台，只见被击中的 2 艘商船大火熊熊，火光将海面照得如同白昼，船队四处奔逃。阿巴斯急忙下令护卫舰马上出击。

护卫舰在海面四处搜索德军潜艇的下落。忽然，1 艘护卫舰捕捉到德军 U-48 号潜艇向司令部报告战况的无线电讯号。没等 U-48 号潜到水下，英军的护卫舰就追了上来。U-48 号匆忙下潜。深水炸弹接二连三地在 U-48 号上方的海水里爆炸。此时，U-48 号已潜到 200 米的深水处，而深水炸弹的爆炸深度是 120 米。

英国 SC-7 船队认为德军潜艇被赶跑了，于是恢复队形，继续前行。然而，此时 U-48 号潜艇正偷偷地跟在 SC-7 船队的后面，等候“狼群”的到来。

10 月 18 日黄昏，“狼群”先后抵达作战水域。克里奇默尔指挥的 U-99 号潜艇打算再次溜到船队中间，随心所欲地朝商船发射鱼雷。U-46 号、U-100 号、U-101 号、U-123 号潜艇左右夹击，从两翼下手。U-48 号潜艇风风火火地从后面直扑而来。

18 日夜，“狼群”开始出击。U-46 号潜艇率先发起攻击。10 分钟内，瑞典货船“康瓦拉里亚号”开始倾斜，船员分乘 2 条救生艇弃船逃走。此时，阿巴斯正在舱内昏昏欲睡。船上突然响起的爆炸声，使阿巴斯跳了起来。他急忙推开舱门，冲出船舱。刚出船舱，一股浓烟夹着一阵焦臭气味迎面扑来。阿巴斯立即意识到，大事不好了！从舰桥上向下看去，船艉被炸得一塌糊涂，几乎快要与船体分开了。

船马上要下沉了，阿巴斯只好下令弃船，同时下令船队规避。没想到，阿巴斯的这道命令适得其反，原来一字长蛇向前航行的船队变得一团糟。所有的商船都在规避攻击，几艘新船脱离编队，加速自行逃走了。护卫舰在海面上来回穿梭搜索德军潜艇，可惜舰上还没有装备雷达，监视哨凭借肉眼无法透过夜幕发现行踪诡秘的德军潜艇。相反，潜艇可以随心所欲，时而潜入水下，躲避水面舰艇的搜索和攻击；时而浮出水面，对毫无抵抗力的商船突然发起攻击。几艘潜艇像一群饿狼一拥而上，四处下手，分食猎物。

U-123 号潜艇趁乱击沉了 2 艘装运木材和钢锭的货船。U-48 号潜艇鱼雷手瞄准"阿塞里安号"，发射了 1 枚鱼雷。"阿塞里安号"货舱安然无恙，后面的一艘大货船倒了霉，很快就从水面上消失了。其他潜艇如饿狼扑食般地向船队发起猛攻。满载着铁砂石的英国货船"克里科克号"一头栽入海底，1 艘大货船喷涌着蒸汽掉了队。

面对众多疯狂的潜艇，英军护卫舰东躲西逃，狼狈不堪。阿巴斯回天无力，只能看着潜艇追杀船队。整整一夜，SC-7 船队 17 艘商船被德军潜艇送入海底，整个船队折损过半。

10 月 19 日黎明，"狼群"潜入水下，注视着 SC-7 运输队残部驶近英国海岸，才停止了攻击。3 艘潜艇鱼雷耗尽，不得不返回比斯开湾，其余几艘潜艇接到邓尼茨的命令，调转方向攻击刚刚发现的 HX-79 号护航运输队。

HX-79 号护航运输队是一支由 45 艘舰船组成的高速编队，装载的是英国急需的作战物资，其护航舰艇的实力远远超过 SC-7。护航舰艇具体包括 2 艘驱逐舰、1 艘扫雷舰、4 艘驱潜快艇和 3 艘武装拖网渔船。凭借较高的航速和众多护航舰艇，英国人以为万无一失，放心大胆地让它通过大西洋直抵英伦三岛。

HX-79 号护航运输队没有想到的是，这个时候一匹老练的"幽狼"已经悄悄地跟在后面。这匹"幽狼"即是 U-47 号潜艇，艇长就是那位被邓尼茨奉为"德国英雄"的普莱恩。普莱恩发现 HX-79 号运输队时，没有急于攻击，而是一面悄悄地跟在后面，一面不断将 HX-79 的位置报告给岸上的指挥部中心。凭借着高超的航海技术和坚忍的毅力，U-47 号潜艇连续跟踪 HX-79 号护航编队一天一夜，终于引导刚刚完成攻击 SC-7 船队任务的 4 艘潜艇找到了新目标。

10 月 19 日和 20 日两个夜晚，在普莱恩的指挥下，U-38 号、U-47 号、U—46 号、U-48 号和 U-100 号 5 艘潜艇对 HX-79 护航运输队实施了连续攻击。HX-79 号护航运输队被迫解散各自逃生，一夜之间 12 艘商船沉没，2 艘受伤。

邓尼茨筹划多年的"狼群"战术终于收到了理想的战果，他为自己的艇长们在如此短的时间内熟练掌握了作战技巧而感到满意。他亲笔写道："集中的商船队必须由集中的潜艇实施联合攻击，这种攻击之所以成功得力于官兵经过彻底的训练。在特定的战场上，潜艇数量越多则耳目越多，从而容易找到更多船队。联合攻击时，在场的潜艇数越多意味着一次攻击之后，通向英国的海道暂时并未脱离险境，直到所有的作战潜艇几乎全部用完了它们的鱼雷，被迫返回基地，这条海道才告安静。"

英国海军历史学家罗斯基尔海军上校在他的《海战》一书中，对德国"狼群"战术的初期使用做了如下评价："敌人采用了一种我们从来没有见过的进攻方式，我们无论在战术上还是在技术上都没有做好抵御它的准备。"

# ◎ 密谋杀"狼"

11 月，美国允许英国无限利用自己的工业资源。美国总统罗斯福认为，美国减少损失的最好办法就是帮助英国。战争开始时，英国拥有 65 亿美元储备，现在已经用掉 45 亿。

12 月 17 日，英国海军部专门召开海上航运会议。首相丘吉尔出席了这次会议，出席会议的只有海军部人员和海员。参加会议的人员一致认为：一个十分熟悉的危险和困难的程度已骤然加剧。丘吉尔回想 1917 年 2 月和 3 月的情形时说，那时潜艇击沉我船只数字的曲线逐步上升，尽管皇家海军极力迎战，人们也怀疑同盟国究竟还能打几个月的仗。现在，我们船舶的损失程度几乎和上一次战争损失最大的一年不相上下，在 11 月 3 日以前的 5 个星期里，损失高达 43.3 万吨。

同一天，罗斯福在白宫举行的记者招待会上说："假设我的邻居家失火，而我家里有一条浇花用的水管，要是让邻居拿去接上水龙头，我就可以帮他把火灭掉。我怎么办呢？我不会在救火之前对他说：'老兄，这条管子我花了15美元，你得照价付钱。'我不要15美元，我要他在灭火后还我水管就是了。"

1940年12月，德军潜艇司令邓尼茨就潜艇在战争中的作用问题给海军总司令雷德尔草拟了一份备忘录：

1. 赋予潜艇侦察任务是没有任何意义的，因为其视野半径太小，不能迅速侦察到广阔的海区。不管怎么说，让潜艇负责侦察是取短避长，是在白白浪费其应有的价值。倘若有空中侦察为潜艇引路，它就不用长时间守株待兔，其作战能效将大大提高。每一个兵种都有自己的侦察手段，而潜艇是个例外。

2. 空军经过远程空中侦察将敌航运的位置与运动的情报及时提供给我们，我们就可以立即集结潜艇目的明确地展开攻击。

3. 空军也可以对潜艇集中处的附近海区实施大范围的全面侦察，将一切有价值的情报及时通报我们。如此一来，不仅能够攻击处于潜艇攻击半径内的目标，而且任何敌船只要通过潜艇作战地区都将被发现。

4. 空军与潜艇的密切配合不仅仅限于侦察方面。空军的飞机尽量与目标保持接触，不要打草惊蛇，以待潜艇前来，或者用信号引导潜艇驶向指定目标。一旦和目标失去接触，飞机还能于次日重新获得。我们需要密切的战术协同，并肩作战。

5. 空军在进行侦察时，海军可以对商船发动攻击，两者并不冲突。空军攻击越猛烈，敌人就越是一团糟，这样对于我们潜艇部队也是有利的。但凡潜艇集结的地区往往也是航运交会的地方，因而也是空袭的好机会。尽管潜艇在附近，但不会限制飞机的活动。潜艇唯一的要求是空军的飞机不要轰炸潜艇，就算明知是敌方潜艇也不要轰炸。

6.上述空潜协同作战不妨与空军部队直接商谈。为此，必须注意两点：（1）要有适当的兵力以供机动；（2）指挥和节制要权责分明。

侦察活动必须由海军担任指挥。发现目标后，必须由海军来组织协同，但不限制空军战术指挥的自由。也就是说，搜索区域和飞机数量必须由潜艇司令部决定，以保证执行到位。

1941年1月30日，希特勒在国会发表演说："到春季，我们将在海洋上展开潜艇战，英国将会认识到，我们并没有睡大觉。"在希特勒的支持下，德军潜艇的数目急速增加。1941年第1季度，每月生产10艘潜艇，以后每月增加到18艘。潜艇的型号和性能也有了很大改进，大致有两种：一种是500吨级的潜艇，巡航航程为11000海里；另一种是740吨级的潜艇，巡航航程高达15000海里。此时，希特勒不仅首肯了邓尼茨的潜艇战，而且将其提高到重要的战略地位。

希特勒在国会发表演说

30 日上午 9 时，英国海军部在利物浦市德比大厦 4 层海军西部海口地区司令部作战室召开大西洋战局会议。出席会议的有英国海军西部海口地区司令诺布尔上将、空军岸防航空兵司令鲍希尔上将以及英国海军潜艇部队司令霍顿中将等十几位高级军官。会议主要分析大西洋战场形势。

诺布尔主持会议，并发言：“各位将军，大西洋战役已经拉开战幕。粉碎德军的潜艇攻势，确保大西洋交通线的安全，是我们目前最重要的任务，事关大不列颠的生死存亡。今天把大家请来，主要是共同研究大西洋的作战问题。下面先请海军情报部长罗斯上校把最新的动态给大家介绍一下。”

罗斯站起身来，走到会场正前方的一张挂图旁，手拿指挥棒，边说边在地图上比画：“根据目前我们掌握的情况来看，德军拥有 103 艘潜艇，其中用于大西洋潜艇战的有 60~70 艘。这些潜艇的数量比去年增加了近一倍……目前，希特勒在苏联方向的进攻受阻，已向邓尼茨下达了尽最大努力切断我国海上运输线、围困我国的作战命令。因此，今后的大西洋战局将非常严峻，我们应该高度重视起来。”

听完罗斯的介绍，与会人员不禁倒吸了一口凉气，本来就十分严峻的大西洋形势将面临更严峻的考验。潜艇部队司令霍顿说：“依我看，我们应该考虑两个问题：一是怎样保卫我们的运输船队，使其免遭德军潜艇的夜间袭击；二是如何利用敌潜艇在水面活动的弱点，予以狠狠地打击。第一个问题，主要是我们的潜艇探测器在敌人的高速夜袭下作用很小。为此，不仅应增加快速护航舰只的数量，而且应加快发展有效用于反潜探测的雷达。至于第二个问题，我想听听空军的高见。”

空军岸防航空兵司令鲍希尔正饶有兴趣听着霍顿的发言，没料到点到自己，他不慌不忙地说："这个问题我也考虑过。飞机在白天比较容易发现水面状态的潜艇并能及时发起攻击，不过夜间就不好办了。我们缺乏有效的夜间探测装备和足以击毁敌潜艇的武器，此外，即使有新装备，也需要一段时间才能掌握其性能。"

诺布尔不愿听这些空泛的话题，他适时将话题引入更具体的问题："对德军潜艇的'狼群战术'，各位有什么良策？"

海军作战部长卡特少将似乎对这一问题早有研究，他说："我来谈点看法。通过对前一段德军潜艇作战活动的分析，我们发现德军的'狼群'战术有着致命的弱点，一旦我们抓住敌人的弱点，'狼群'战术就失灵了。'狼群'战术的前提是情报保障，没有情报他们就成了瞎子。首先，德国人要在浩瀚的洋面上发现护航运输队，这其实非常困难。如果我们的护航运输队保持较小规模并根据我们潜艇跟踪室提供的情报，谨慎地选择航线并不断变换航向，就有可能不被或少被德军潜艇发现。其次，德国人除在极少数情况下有不间断的空中侦察保障外，'狼群'主要靠潜艇发现目标后跟踪搜索并尾随我们的护航运输队。如果能将跟踪的潜艇打掉或迫使它不能持续跟踪，那么我们的护航运输队就有可能免遭'狼群'的攻击。最后，担负跟踪护航运输队任务的德军潜艇需要不停地发送信号，以此召唤'狼群'行动。德国人的这一做法给我们提供了'狼群'正在逼近护航运输队的告警讯号。只要我们的无线电侦听部门对此保持高度警惕，尽管不能破译密码，但至少可根据德军潜艇发出信号的类型、频度和地点，了解可能发生的事情。这样我们就可以采取必要的防范措施，并及时为可能遭袭的护航运输队提供必要的保护。"

卡特的见解得到了与会者的赞赏，大家就这一问题展开了热烈讨论。会议结束时，诺布尔做了总结："今天的会议开得很好，对大西洋作战问题有了更加深入的研究，许多意见和建议是极有价值的。我想提醒大家的是，形势是严峻的，决不可掉以轻心。我们应在现有装备基础上尽快研制和发展新型反潜装备。空军航空兵和海军舰艇部队要密切配合，协同作战，共同完成大西洋反潜作战任务。各位回去后，要尽早做好战斗准备，随时痛歼德军潜艇！"

英国海军部下令扩充并重新部署了空军海防总队，海军与空军协同反潜作战。英国皇家海军没有自己的航空兵，于是由英国空军总部成立了海岸轰炸航空队，计划到 1941 年 6 月该队增加到 15 个中队约 220 架飞机，其中包括英国"山达兰"式飞机和 57 架美国"卡塔利纳"式巡逻机。

1941 年 1 月底，英美两国参谋人员在华盛顿开会。双方确定，不管美国是否参战，美国都负责大西洋的航运安全，英国负责地中海的航运安全。

# ◎ 猎杀王牌潜艇

　　3月6日傍晚，一支代号为"OB-293"的英国护航运输队满载着为驻非洲英军提供的急需物资在8艘驱逐舰的护航下，在大西洋上劈波斩浪。当OB-293运输队行驶到冰岛西南海域时，被正在这一带活动的德军U-47号潜艇发现，艇长普莱恩用无线电通报了这一情况。邓尼茨当即命令在附近海域活动的德军U-70号和U-99号潜艇火速赶往目标所在海域。

　　U-70号和U-99号潜艇从东面向OB-293护航运输队靠近。U-70号潜艇艇长建功心切，迫不及待地向艇员发布进入战斗状态的命令。U-70号潜艇进入战斗航向，鱼雷发射器准备完毕，距目标越来越近。U-70号抵近目标，鱼雷对准了"猎物"。艇长下达攻击指令，2枚鱼雷从艇艏呼啸而出。轰的一声巨响，鱼雷击中1艘商船，冲天火光把海面照得通红。U-99号潜艇毫不逊色，连续向目标发射了几枚鱼雷。转眼间，英国护航运输队就损失了几艘商船。担任护航任务的英军驱逐舰迅速做出反应，不顾一切地冲向德军潜艇。

U-70 号和 U-99 号潜艇艇长扬扬得意地望着忙成一团的英军舰队，没想到 2 艘英军驱逐舰冲了过来。2 艘潜艇紧急下潜，以躲避驱逐舰报复性的攻击。此时的英军舰长怎么会错过这个机会，驱逐舰用声呐锁定目标，深水炸弹雨点般投向德军潜艇的下潜海域。炸弹在海里的爆炸声不停地响起。U-70 号潜艇当即被炸沉，海面上留下一摊摊油迹。U-99 号潜艇被炸得失去平衡，被迫浮出水面。乘着夜色，艇长率艇员落荒而逃。

一片混战中，U-47 号潜艇始终没有露面。原来，艇长普莱恩一直尾随在 OB-293 护航运输队的后面，正要伺机下手，不料被他召来的 U-70 号和 U-99 号潜艇提前先下了手。没等普莱恩反应过来，就遭到了英军驱逐舰的报复。U-47 号潜艇没有过早暴露目标才逃过一劫。普莱恩不甘心就此撤回基地，决心趁英国护航运输队没有防备的时候，打个措手不及。

7 日清晨 4 时 24 分，一场暴风雨突然来临。狂风卷着巨浪，机会难得。一直尾随在 OB-293 后的普莱恩暗自高兴。他准备在暴风雨的掩护下突破护航舰队的警戒，单枪匹马大干一场。没想到，警觉的英军"黑獾号"驱逐舰上的雷达兵发现了 U-47 号潜艇。"黑獾号"投下的深水炸弹摧毁了 U-47 号的推进器。"黑獾号"穷追猛打，直到舰上深水炸弹全部打光。U-47 号终于走到了尽头，这艘德国"王牌潜艇"从此再也没有浮出海面。

3 月 11 日，美国国会通过租借法案，美国宣布不再中立，将向英国和所有抵抗轴心国的国家提供军事和经济援助。当时，英国在大西洋上的护航战正处于关键时刻。

3 月 16 日中午，德军 U-110 号潜艇像幽灵一样浮出水面，几名艇员爬出舱外，准备晒晒太阳。艇长林柏少校举起望远镜，四处观望。突然，在远方海天一线处冒出了浓浓的黑烟。林柏心里乐开了花：这下终于能逮住英国护航运输队了。他立即回到舱内，通过电台联系上了附近的U-99号和U-100号潜艇。由于白天容易暴露目标，潜艇只能远远地跟在英国护航运输队的后面，等天黑后发动突然袭击。

德军潜艇跟踪的目标是一支代号为"HX-112"的英国护航运输队。黄昏时分，担负警戒任务的英军5艘驱逐舰和2艘护卫舰开始搜索周边海域。不久，舰上的声呐捕捉到U-100号潜艇。3艘驱逐舰立即围了上去，朝着U-100号猛投深水炸弹。U-99号潜艇乘虚而入，突入船队中间，开始攻击商船。几艘商船被鱼雷击中，燃烧起来。商船急忙向驱逐舰发出求救信号。正忙于攻击U-100号潜艇的驱逐舰接到求救信号后，急忙赶来救援。U-99号潜艇在击沉6艘商船后，乘乱偷偷溜走。U-100号潜艇也乘机脱离险境，但艇长斯普克不甘心空手而归，又率艇悄悄跟上了HX-112护航运输队。

3月17日凌晨，U-100号悄悄浮出海面，占据了有利阵位，向HX-112护航编队发起水面攻击。艇长斯普克知道此刻正是发起攻击的绝佳时机，因为凌晨时分正是船员们最麻痹的时候。让斯普克万万没有想到的是，英军驱逐舰早就盯上了他的潜艇。英军驱逐舰又一次围攻上来。这一回U-100号潜艇可就没那么幸运了，还没来得及下潜就被击中。1艘英军驱逐舰高速冲了上去，锋利的舰艏将这艘曾击沉同盟国15.9万吨位商船的"王牌潜艇"拦腰斩断，艇长斯普克及所有艇员丧命当场。随后，英军"徘徊者号"驱逐舰用声呐发现了潜藏在海底企图蒙混过关的U-99号潜艇。一连串深水弹炸炸得U-99号潜艇失去了控制，被迫浮出了水面，艇长克里施玛尔成了阶下囚。

不足一个月的反潜战中，德国损失了3名王牌艇长（U-47号、U-99号、U-100号），其在大西洋的潜艇损失率上升至20%，严重遏阻了德国春季潜艇战攻势的锋芒。

## ◎ 舰王之王

4 月 4 日，美国海军作战部长兼舰队总司令斯塔克致信总统罗斯福："大西洋的海上形势很严峻，我的想法是必须在英国垮掉以前对英国加大援助力度。"

4 月 7 日，停泊在圣迭戈港和珍珠港的美军太平洋舰队的一些军舰被紧急调拨至大西洋舰队。这些军舰包括"约克城号"航空母舰，舰号被遮盖起来，在晚上秘密向大西洋转移。从 4 月到 6 月的 3 个月里，25% 的太平洋舰队军舰经过巴拿马运河调拨至大西洋舰队。在华盛顿以及珍珠港的一些美国海军参谋们反对说，如此调动会助长日本海军的野心。罗斯福解释说，德军潜艇部队在北大西洋的威胁更大，我们应该先帮助英国渡过难关。

4 月 9 日，美国同丹麦签署协议，将格陵兰暂时置于美国保护之下。随后，美国又宣布西经 25° 以西为美国海军巡逻区。美国把泛美安全区从西经 60° 延伸到西经 26°，美国海军于 9 月开始提供护航，这使得德军潜艇受到了极大限制。

"约克城号" 航空母舰

　　4 月 15 日，英国海岸轰炸航空队正式并入英国海军部，改称海军航空兵。英国海军航空兵的飞机加强了空中警戒。但是，在大西洋上有一片几百公里宽的海域，这片海域位于格陵兰岛通向亚速尔群岛的方向，因为英国海岸的飞机作战半径无法到达而出现了巡逻空白区。为了填补这一空白，英国在很多大型商船上加装了弹射器，以便载运飞机。这些飞机的任务是进攻德国的远程侦察机并攻击其潜艇。飞机完成任务后降落在商船附近，再由海员把飞行员救上船。

　　4 月份，德国从新建的 5 个法国空军和海军基地不断出动轰炸机和潜艇部队，击沉 195 艘盟国商船，盟国损失了 70 万吨的紧急军事物资。大西洋中的德军潜艇数量每个月都有增加，英国的海上运输线受到致命威胁。当时，有一种说法：哪怕在北大西洋有 1 个德军潜艇经常出没，也将对英国商船及其护航运输队的航线、航行时间、护航兵力的配置产生重大影响。

德军轰炸法国军事基地

5月，英国和加拿大确定了空中远程护航战略，但仍有约300海里的空白区。英国借到了美国的远程"卡塔林纳"式飞机，英国猎潜力量得到了增强，不断发动的猎潜战使德军潜艇远离英国近岸，只能躲到大西洋去。

5月底，希特勒召集三军首脑举行秘密军事会议。陆军总司令布劳希奇首先向希特勒和与会者通报了德国陆军的战果："我军于4月17日攻占南斯拉夫后，现正跨过瓦尔达尔河，向南推进。我们的机械化部队长驱直入进逼希腊，一支先头部队已跨过科林斯地峡，直指伯罗奔尼撒半岛，另一支已抢先攻进了阿林斯。英军残部正在向大海方向逃窜。在地中海南岸，隆美尔将军的非洲兵团兵分四路直驱英军防线，不日便可攻克。"

听了陆军总司令的话，希特勒紧绷的脸上露出一丝笑意。空军总司令戈林沮丧地耷拉着脑袋，一扫往日趾高气昂的神情，他的对英空战徒劳无益，已接近尾声。海军总司令雷德尔则诚惶诚恐，随时恭候元首的训斥。

"雷德尔元帅，你的海军干了些什么？"希特勒大声吼道，"在我们占领挪威后，你们海军仍然缩手缩脚，没有什么建树，一直进展顺利的潜艇战反倒连受挫折。损失了3个王牌艇长不说，你们的英雄艇长克里奇默尔少校居然做了英国人的俘虏，真是丢尽了第三帝国的脸……"

雷德尔只能默默忍受着训斥，直到希特勒口干舌燥，才平心静气地解释道："我准备发动一次决定性的行动，派'俾斯麦号'和'欧根亲王号'前往北大西洋，袭击盟国的护航运输队，此次行动代号定为'莱茵演习'。记得年初，'沙恩霍斯特号'和'格奈森诺号'战列巡洋舰曾双双出马，一下子就干掉了11万多吨商船。对它们打了就跑的战术，英国海军束手无策。'俾斯麦号'战列舰比'沙恩霍斯特号'和'格奈森诺号'两舰威力更强，让它出战，无疑能给英国人以致命的打击。"

雷德尔见元首面露喜色，乘机说道："我敢说'俾斯麦号'打遍大西洋无敌手，因为它是战列舰之王。"

会议结束时，希特勒拍着雷德尔的肩膀说："好好干吧，我等待着'俾斯麦号'的好消息！"

"俾斯麦号"战列舰是一艘以铁血宰相俾斯麦的名字命名的超级战列舰，长224米，宽36米，排水量4.2万吨。两舷甲板装甲厚度330毫米，主甲板装甲厚度分别为101.6毫米和50.8毫米。"俾斯麦号"装有8门381毫米口径的主炮，12门150毫米口径副炮，16门105毫米田径高炮和40门机关炮。此外，它还装有6具533毫米口径鱼雷发射管，4架水上飞机和2部弹射器。

最高航速 29 节，舰员编制 2000 人。"俾斯麦号"战列舰是当时世界上最大、最强的战舰，这充分体现了法西斯德国的"巨舰大炮"主义，希特勒企图用它称霸大西洋。

希特勒对"俾斯麦号"战列舰一直都非常重视，举行战舰下水典礼那天，他不但带着军政头目赶到船厂，而且特意把俾斯麦的孙女也请来。希特勒感到非常骄傲，这艘巨舰超过英国历史上任何一艘舰船。对于下水典礼的场面，新闻报刊做了大肆宣扬。

"俾斯麦号"战列舰

和"俾斯麦号"战列舰一起参加"莱茵演习"的，还有"欧根亲王号"重巡洋舰。它的命名是为了纪念 18 世纪原奥地利哈普斯堡王朝的一位将军。有人说它的排水量为 1 万吨，实际上超过了 1.4 万吨，装有 8 门 203 毫米口径主炮、12 门 104 毫米口径副炮、12 具 533 毫米口径鱼雷发射管、4 架水上飞机和 1 部弹射器，最大航速 32 节。

"莱茵演习"舰队司令是曾经率领"沙恩霍斯特号"和"格奈森诺号"猎杀过盟国商船的冈瑟·吕特晏斯海军上将。吕特晏斯海战经验丰富，他详细研究北大西洋的形势后，特意赶到柏林，向海军总司令雷德尔元帅陈述了自己的意见，他说："尽管地中海方面战事吃紧，英国人也不会从斯卡帕湾抽走大批舰只，但只派 2 艘军舰出击还是太危险了，如果英国海军集中大西洋上的兵力，'俾斯麦号'战列舰将会遭到五六艘战列舰的围攻，且不说航空母舰、巡洋舰和驱逐舰，即使和两三艘战列舰交战，'欧根亲王号'也不是理想的帮手。"

雷德尔听了吕特晏斯的话，不高兴地反问："你有什么高见？"

"我希望推迟'莱茵演习'……"

没等吕特晏斯把话说完，雷德尔就不耐烦地说："现在重要的是不可坐失良机，英国在地中海苟延残喘，只有乘势切断其补给线才是上策。现在你应该马上做好一切战斗准备！"

5 月 7 日，英国 1 支护航运输队遭到德军 U-201 号潜艇的攻击，2 艘商船被击沉。

5 月 9 日中午，德军 U-901 号和 U-110 号潜艇击沉了 3 艘商船。英军的"奥布里舍号"轻护卫舰探测到德军 U-110 号潜艇的方位，并 2 次对它发起攻击。当 U-110 号潜艇被迫浮出水面时，被"奥里布舍号""百老汇号"和"大斗犬号"英军驱逐舰同时发现了。

"大斗犬号"舰长想俘虏德军 U-110 号潜艇，于是便以 15 节的航速展开追击。U-110 号潜艇上的艇员刚要操纵火炮时，"大斗犬号"驱逐舰上的火炮立即开火，U-110 号艇员被迫弃艇跳海。"大斗犬号"驱逐舰向 U-110 号潜艇派去一个工作组。这个工作组在 U-110 号上获得了大量机密文件，还有带整套信号的艾尼格码军用密码无线电收发报机。"大斗犬号"驱逐舰营救完德军艇员后，把 U-110 号潜艇拖走了。

邓尼茨不知道 U-110 号潜艇被俘虏，更不知道密码落入英国情报局之手。直到战争结束，德国海军潜艇的通信内容都被英国海军加以利用，包括每艘德军潜艇的位置、作战情况和指挥官的名字。英国海军部为了保守情报来源，很多次都没有使用德军的情报。

5 月 19 日，"俾斯麦号"战列舰和"欧根亲王号"重巡洋舰在 2 艘驱逐舰与几艘扫雷舰的护卫下，悄悄驶出了格丁尼亚港。吕特晏斯指挥舰队出波罗的海，穿过卡特加特海峡和斯卡格拉克海峡，转而沿挪威海岸北上。

5 月 21 日黎明，德军"莱茵演习"舰队悄悄进入卑尔根港东南的科尔斯峡湾。

同一天，英国本土舰队新任司令约翰·托维海军上将收到海军部发来的电报。电报说，英国特工人员发现一支德军舰队出海了。另有情报说，在格陵兰岛附近发现了德军侦察机。他立刻意识到，这些侦察机一定是为德军军舰探路的，军舰肯定是想进入北大西洋。他马上派"诺福克号"重巡洋舰前往丹麦海峡，同时还派出侦察轰炸机直飞挪威海岸，打探德舰行踪。

# ◎ 巨舰对决

　　德军"莱茵演习"舰队隐藏在浓雾弥漫的科尔斯峡湾锚地内。1架英国飞机勇敢俯冲，钻出雾障，拍下了峡湾的情况。几小时后，英国情报军官对放大的航空照片进行了判断：敌兵力为1艘"俾斯麦"级战列舰和1艘"希佩尔"级巡洋舰。英国情报人员的分析没错，"希佩尔号"是"欧根亲王号"的姊妹舰。

　　根据这些情报，托维做出决断：如果德舰躲进挪威峡湾，将虎视北大西洋的护航运输队，现在必须抽调重兵，时刻监视其动向；如果德舰想突破封锁，闯进北大西洋，则必须倾其全力围歼。他突然眼前一亮，指着 WS8B 护航队的航线说："没错，躲进挪威峡湾的军舰就是冲它而来。这支护航队运载2万名英军前往地中海，增援非洲战场。运输队由'反击号'战列巡洋舰、'胜利号'航空母舰和几艘驱逐舰护航，目前正行驶在爱尔兰海岸的克莱德湾。"

　　于是，托维下令霍兰德海军中将任先遣队司令，率"胡德号"战列舰和

"威尔士亲王号"战列舰前往丹麦海峡，支援"萨福克号"和"诺福克号"。"胡德号"满载排水量4.21万吨，航速31节，装有8门381毫米主炮，可与"俾斯麦号"战列舰抗衡；"威尔斯亲王号"刚刚服役，排水量3.8万吨，航速30节，装有10门356毫米主炮。另外，还有几艘驱逐舰随行。

托维下令"阿里休斯号""伯明翰号"和"曼彻斯特号"3艘轻巡洋舰先行搜索法罗群岛和冰岛之间的水域；"胜利号"和"反击号"脱离护航运输队，前往斯卡帕湾和主力部队会合，随时支援两支先遣队。

5月22日，海上乌云翻滚，能见度非常差。英国海军仍然派出1架侦察机对德军"俾斯麦号"战列舰跟踪侦察，冒着德军舰队高炮的猛烈反击，沿挪威西海岸尾随德军"莱茵演习"舰队，发现该舰队驶出海湾，随后目标消失。原来，英军的侦察机被击伤而坠入大海。

22日晚，英国本土舰队司令托维率领舰队驶出了斯卡帕湾。此时的英舰兵力编成为："胜利号"航空母舰、"加拉蒂号""奥罗拉号""肯尼亚号""赫尔米厄尼号"巡洋舰和7艘驱逐舰。次日，待"反击号"战列巡洋舰和几艘驱逐舰入列后，托维即率队加速西行，企图抢占冰岛和奥克尼群岛之间的中心位置，以便截杀德军"莱茵演习"舰队。

5月23日清晨，德军"莱茵演习"舰队跨过北极圈，沿冰岛北线行驶。傍晚，该舰队进入丹麦海峡。大海上空黑沉沉的，风雨交加，冷风刮过，卷起团团雪粒。海峡最窄处约180海里，格陵兰岛一侧流冰拥塞，冰岛一侧布有水雷场。舰队司令吕特晏斯指挥舰队小心翼翼地向前行进。他命令"俾斯麦号"舰长林德曼和"欧根亲王号"舰长布林克曼做好战斗准备。"俾斯麦号"大炮转动，1600磅的穿甲弹被推进炮膛。

22时15分，瞭望哨士兵发现远处有一团模糊的影子。吕特晏斯当即命令主炮转向左舷，开火射击。"俾斯麦号"战列舰上3颗重磅炸弹呼啸而出。吕特晏斯举起望远镜，一动不动地死盯着远方的英军巡洋舰，他看到英舰的周围升起了一道道白色水柱。突然，英舰舰艉蹿起一团黑烟。吕特晏斯判断，英舰可能忙着护航，不愿恋战。他走到驾驶台前告诉林德曼："这片水域没有重兵把守，战列舰应继续南下。"

然而，让吕特晏斯万万没想到的是，此时英国本土舰队已经倾巢而出。霍兰德海军中将正带领"胡德号"和"威尔士亲王号"率先从左侧杀过来。根据英国本土舰队司令托维的命令，霍兰德准备前往丹麦海峡抢占有利阵位。当他收到"诺福克号"和"萨福克号"巡洋舰的电报后，航海官就在海图上绘下了德舰的位置。他下令"胡德号"和"威尔士亲王号"加速至27节，取295度航向，目标雷克雅未克西南300海里水域，在天亮前截住德舰。

5月24日黎明，英军"胡德号"重巡洋舰和"威尔士亲王号"战列舰在冰岛与格陵兰之间水道与德军舰队突然相遇。"胡德号""威尔士亲王号"发出发现德舰的灯光预警信号。"胡德号"立即向德舰开火。德军"俾斯麦号"战列舰迅速还击，双方展开激烈炮战。吕特晏斯断定英舰"胡德号"是旗舰，于是命令所有船只集中火力攻击"胡德号"。第一次齐射，即有2发炮弹命中"胡德号"，"胡德号"甲板上燃起大火。"胡德号"负伤后仍然对德舰紧追不舍，并继续射击。

英军舰队拥有8门381毫米炮和10门356毫米炮，火力上占有明显优势。但是，临战态势对德舰有利。德舰由北向南，可用全舰火炮齐射。英舰由东向西，头对德舰，只能用艏炮还击，这相当于减少了一半火力。战况十分激烈，"胡德号"又调出舰炮轰击"欧根亲王号"，结果火力更加分散。

24 日 5 时 57 分，英国本土舰队先遣队司令霍兰德命令舰队转向，以便利用艉炮开火。此时，德舰"俾斯麦号"开始第二次齐射，一颗重磅穿甲弹再次击中"胡德号"，引起其高炮弹药箱爆炸，甲板上顿时火海一片。"威尔士亲王号"赶紧转向，躲开了"胡德号"的航迹。

接着，"俾斯麦号"进行第三次齐射。1 颗炸弹撕开"胡德号"的厚装甲，穿透 6 层甲板，沿着没有防护的狭窄通道，一直落到炮塔底下的弹药舱里。300 吨高爆炸药被引爆，顷刻间引起连环大爆炸，"胡德号"断成两截，瞬间沉入海底。舰上 1421 名官兵除 3 人生还外，全都遇难，其中包括先遣舰队司令霍兰德海军中将。

"俾斯麦号"战列舰在击沉"胡德号"后，转移炮口，开始轰击"威尔士亲王号"。双方炮战打得天昏地暗。"俾斯麦号"暴风雨般的攻击让"威尔士亲王号"毫无还手之力。就在"威尔士亲王号"难以招架之际，2 发重型炮弹命中"俾斯麦号"，并钻进它的油库爆炸，导致其大量黑色燃油流向大海。与此同时，"威尔士亲王号"也受了伤。1 颗炮弹击中舰桥，舰桥内的人员非死即伤；另一颗炮弹击中了火控指挥室，将它的后壁戳了 1 个大洞。舰长利奇盲目还击，只有少数几次击中了目标。6 时 13 分，利奇下令施放烟幕，避开强大的"俾斯麦号"，撤离战场。

受伤的"俾斯麦号"且战且退，撤向西南。"莱茵演习"舰队司令吕特晏斯得意地立在舰桥上，命令手下军官立即向他报告军舰受伤的情况。几分钟后，结果出来了："俾斯麦号"中了 2 颗 356 毫米口径炮弹，1 颗击中 2 号锅炉舱，另 1 颗击中 2 号燃油库。吕特晏斯下令立即抢修，他则赶忙起草电报，向德国海军部汇报："英舰'胡德号'被我击沉，'威尔士亲王号'受伤逃跑，现仍有 2 艘巡洋舰在尾随盯梢。"

"俾斯麦号"战列舰不愧是王牌战舰，经得起打击，且性能良好，几个回合就把"胡德号"击沉了。然而，吕特晏斯感觉不到一丝轻松，他认为英国人决不会善罢甘休，一定会动用最精锐的舰队来对抗"俾斯麦号"。在整体力量对比上德国海军的确不如英国，特别是德国没有航空母舰，空中没有保护伞，眼下唯一的办法是赶紧撤退到一个安全的地方。

# ◎ 围歼，不惜一切代价

7 时 30 分，"俾斯麦号"战列舰航速减至 28 节。这时，海上起了风暴，巨浪时而把它埋进浪谷，时而把它推向浪峰。经过几个小时折腾，机电部门向吕特晏斯报告：由于遭遇暴风雨，按现在的速度，恐怕到圣纳泽尔的油料不够，被打坏的 2 号燃油库的大洞，没有办法堵住。吕特晏斯感到情况不好，如果减速就甩不掉英舰的追踪，如果继续以现在的速度航行又到不了圣纳泽尔港。他看了一会海图，决定改变航向，朝布勒斯特港驶去，因为去那里要比去圣纳泽尔港近 120 海里。

此时的英国皇家海军发誓不管付出多大代价都要围歼"俾斯麦号"战列舰。英国首相兼国防大臣丘吉尔日夜守在最高指挥部，要求海军部每个小时向他报告一次情况。

尾随"俾斯麦号"的 2 艘英国巡洋舰不断报来其行踪，英国海上几支舰队拉开了一张巨网，从四面八方朝"俾斯麦号"包抄而来。英国本土舰队司令托维坐镇"乔治五世亲王号"战列舰，从东北方向朝距离150海里的"俾斯麦号"展开追击。托维率领的舰队包括1艘战列巡洋舰、1艘"胜利号"航空母舰、4艘轻巡洋舰、10艘驱逐舰。在"俾斯麦号"独自东进的时候，托维连续收到了"诺福克号"和"萨福克号"发来的报告。

"俾斯麦号"的东面有1支英军舰队，它以1艘战列舰为主；北面有1支舰队，由3艘巡洋舰组成；南面也有1支舰队，由2艘巡洋舰、2艘战列舰组成；西面还有1艘战列舰。此外还有1支强大的舰队，它以"皇家方舟号"航母为核心，由数艘战列舰、巡洋舰和驱逐舰组成，奉命从直布罗陀北上。这个时候，英国皇家海军对"俾斯麦号"的包围圈已经形成，它无论朝哪个方向逃窜，都难逃英军舰队的攻击。为了使"俾斯麦号"减速，让其进入英舰大炮的射程，托维命令几艘巡洋舰掩护"胜利号"加速先行。

22时10分，"胜利号"距"俾斯麦号"大约120海里。这一海域日照时间长，视线很好。"胜利号"舰长命令几架飞机出击。"胜利号"转向迎风行驶，在几架管鼻燕式战斗机的掩护下，9架箭鱼式鱼雷攻击机顶着疾风冒雨起飞。

23时27分，英军战斗机群透过云层，终于发现了"俾斯麦号"。英机试图穿过云层直冲下来，但翻滚的阴云忽开忽合，笼罩着"俾斯麦号"。英机几次进入，又被迫拉了出来。经过几次试探，英机群冒着被击落的风险，降低高度，冲进"俾斯麦号"的火力网。在离目标只有半海里时，投下了鱼雷。然而，这2架英国飞机在投雷时被"俾斯麦号"的炮弹命中，飞行员坠海身亡。但是另1架箭鱼式鱼雷攻击机，独自向"俾斯麦号"右舷方向发起攻击，2枚鱼雷朝向黑乎乎的庞然大物，在波涛中一跃一伏地前进，突然轰隆一声巨响，1枚鱼雷命中"俾斯麦号"右舷腰部。天渐渐黑了，英军机群无法实施攻击，只好返航回到"胜利号"航母上。

对一般战舰来说，只要被1枚鱼雷击中，将会非常危险。然而，"俾斯麦号"战列舰是舰王之王，其防护装甲惊人，舷外还有防鱼雷装置，因此，1枚鱼雷在其右舷腰部爆炸后只是伤及皮毛。不过，经验丰富的吕特晏斯还是感到不妙。箭鱼式的攻击表明，英国本土舰队就在附近水域，而此时的"俾斯麦号"燃油短缺，又受到创伤，不能高速行驶。突然，他想起自从击沉"胡德号"后，"俾斯麦号"就收到了"诺福克号"和"萨福克号"的雷达回波。由于他们害怕遭到潜艇伏击，走的是Z字航线。当它们处在Z字的两端时，"俾斯麦号"上的雷达回波就消失了，完全可以用这种方法对付英军舰队。

5月25日3时6分，雷达屏幕上只出现了"萨福克号"的回波。"萨福克号"刚驶到转折点，吕特晏斯突然下令右舵，让"俾斯麦号"也走Z字航线，然后向东航行。

当"俾斯麦号"改变航行方法时，"萨福克号"和"诺福克号"的雷达荧光屏上突然一片空白。舰长们慌忙向托维报告。托维判断"俾斯麦号"可能突然改变航向，造成雷达跟踪不上。于是，他命令各部队全力搜索，力求尽快找到"俾斯麦号"。"萨福克号"和"诺福克号"离开原航线，向西南搜索，结果和"俾斯麦号"背道而驰。托维也率舰一直向南追赶，到8时，"乔治五世亲王号"向南行进了100海里，仍不见"俾斯麦号"的踪影。

26日10时，1架英军远程轰炸机发来电讯，"俾斯麦号"正向布勒斯特港疾驶。随后，这架跟踪的英国远程轰炸机被"俾斯麦号"防空炮火击落，跟踪再度中断。然而，英国统帅部已经判明"俾斯麦号"在逃的方向，时间已经不多，该舰再前进600公里，就进入德军机群的保护范围。英军必须在有限时间内追上它，并将其击沉在德机作战半径之外，这样制空权才能掌握在英军舰队的手中。

英国最高统帅部下达死命令，一定要切断"俾斯麦号"的逃路，不惜代价歼灭它。这时，"皇家方舟号"航母离"俾斯麦号"的距离最近，它高速追赶，几架鱼雷攻击机起飞，很快找到了那条油污的航迹，发现了"俾斯麦号"。此时，德舰还未进入德机群保护圈，它全速前进，妄图进入保护圈。1艘英国巡洋舰逼近"俾斯麦号"，并不断向统帅部报告方位。

26日19时，英军15架箭鱼式鱼雷攻击机从"皇家方舟号"上起飞，从不同方向攻击"俾斯麦号"，试图阻挡它的航路，减慢它的航速。英军飞机与"俾斯麦号"展开了激烈战斗。箭鱼式攻击机钻出云层，冒着炽烈的炮火从两舷同时猛攻。"俾斯麦号"上炮声震耳欲聋。小口径机关炮、104毫米口径高炮一齐轰鸣。"俾斯麦号"忽左忽右，躲避着英机投下的鱼雷。

德军"莱茵演习"舰队司令吕特晏斯站在舰桥内，观看炮手和英机较量。在"俾斯麦号"右舷前方半海里处，1架飞机中弹起火，1架负伤逃跑，另外2架钻进了云层，在高空盘旋。当它们穿云而下，再次冲向巨舰时，遭到炮手迎头痛击。1架转向飞走，1架冒着浓烟坠海。飞机从空中消失，炮手也停止了射击。吕特晏斯突然又听到了轰鸣声，几架飞机一拥而上，勇猛地向"俾斯麦号"逼近。

吕特晏斯急令"俾斯麦号"大转弯，但为时已晚，1枚鱼雷击中舰舵。"俾斯麦号"舰体剧烈震动了一下，紧接着，战舰偏离了原航向。半小时后，机电部门报告了战舰受损情况：左螺旋桨被炸坏，碎片卡住了舵机，舵舱进水。该枚鱼雷给"俾斯麦号"以致命一击，使它操纵方向失灵，完全失去航向。

夜间的轮番袭击开始了，成千上万枚炮弹从四面八方飞向"俾斯麦号"。英军战列舰以大型穿甲弹靠近德舰射击，想要在其水线下的舰体上钻个洞，以加速它的沉没。驱逐舰则冲到它的跟前发射鱼雷，以迫使其停止射击而投降。

　　此时，"俾斯麦号"离布勒斯特港只有 640 公里，它只要向前航行 200 公里，就能逃脱致命的打击，但此时它已经无能为力了。吕特晏斯失去了逃往法国海岸的一切希望。当夜，他以"莱茵演习"舰队司令的名义，向德军最高统帅部和海军总部拍发了诀别电报："我舰无法操纵，已被'声望号'诸舰包围……我们将战至最后一弹。"德军最高统帅部对此感到十分震惊，紧急调动潜艇和远程轰炸机前去援救，然而距离太远，无能为力。

　　5 月 27 日清晨，英国海军围歼"俾斯麦号"的战斗就打响了。2 艘英军战列舰用巨炮射击，炮声震天。"俾斯麦号"负隅顽抗，尽管舰上主炮仍在顽抗射击，但此时英方舰队已占绝对优势。

　　双方炮战半小时。"俾斯麦号"的主炮终于哑火了，从舰艉到舰艏，从甲板到驾驶台，百孔千疮，浓烟滚滚，整个舰体开始向左倾斜。此时，德军"莱茵演习"舰队司令吕特晏斯和"俾斯麦号"舰长林德曼对全速追来的英军舰队一筹莫展，但他们仍然要求官兵们顽强抵抗，坚决还击。这个时候，1 艘英军驱逐舰突然冲到"俾斯麦号"的翘艏底下，在炮火的死区施放鱼雷，并把所有炮弹倾泻到"俾斯麦号"的甲板上。

　　10 时 15 分，"俾斯麦号"舰上的大炮全部变哑，舰桅断落，大火浓烟吞噬着舰体。

　　10 时 25 分，"多塞特郡号"英军巡洋舰从东驶来，朝"俾斯麦号"的右舷发射了 2 枚鱼雷，然后绕到左舷，又发射了 1 枚鱼雷。此时，"俾斯麦号"

主甲板上，数百名舰员四处逃窜，纷纷跳海。"俾斯麦号"开始下沉。10时40分，超级战列舰"俾斯麦号"一个鲤鱼翻身，希特勒的"战列舰之王"被北大西洋冰冷的波涛吞没。

这一天，英国和加拿大在纽芬兰的圣约翰斯设立基地。加拿大海军猎潜艇进驻圣约翰斯基地。与此同时，美国总统罗斯福宣布全国处于限期紧急状态。由于罗斯福坚持先欧后亚的战略方针，在太平洋地区没有做好充足的战争准备，不想立即向日本开战。而这时，日本陆军早已深陷侵华战争的泥沼，为了求得暂时的喘息，日本政府也不想与军火供应商美国撕破脸皮，以便有时间从中国抽出足够的陆军为太平洋战争做准备。

6月1日深夜，"欧根亲王号"重巡洋舰在海上晃荡几天后，提心吊胆地驶进了布勒斯特港。至此，"莱茵演习"以惨败而告终。

# 第四章

## 海幽灵偷袭北美　罗斯福全力战"狼"

希特勒向日本提出一项建议，要求日本不要与英国、美国仅保持中立。希特勒说："英国和美国永远是我们的敌人，英美两国会永远反对任何一个已被孤立的国家。只有我们的利益不会有冲突，我的意见是必须消灭它们！"

## ◎ 山姆大叔愤怒了

1941 年 6 月，美国援助的 15 艘轻型护卫舰加入英国海军猎潜部队，该部队拥有 30 艘驱逐舰、9 艘小护卫舰和 24 艘轻护卫舰。有了这些舰艇，英国海军就可以进行首尾相连的护航了。与此同时，英军岸防航空兵也收到了 10 架超远程"解放者"式飞机，可以从北爱尔兰和冰岛的基地起飞作战。

英国海军部通过军情局得知德军潜艇正在通过固定的航线横渡比斯开湾，开赴大西洋。因为缺少远程飞机，岸防航空兵无法利用这个情报。德军潜艇往往在夜里浮出水面，而飞机无法在夜间发动攻击。

6 月 17 日，英国第一艘新型远程护航舰艇诞生，但是由于各种原因，无法量产。这样，拥有超远程飞机以填补纽芬兰与冰岛间的空白区就变得非常重要了。英国空军与海军达成协议，海军负责所有在海上作战飞机的指挥。由海军下达任务，再由岸防航空兵负责完成。空军指挥官对岸防飞机拥有绝对控制权，而现场的具体指挥则是护航舰队指挥官。就算这样，英军岸防航空兵的兵力仍显不足，海军部和空军部对以往飞机猎潜战进行研究以后，出动大量飞机对护航运输队进行短距离护航没有什么效果，因为通过破译的德军最高统帅部的情报已经证实，在近海区域内没有德军潜艇。

6月23日，也就是德国全面入侵苏联的第二天，美国总统罗斯福授权国务卿塞姆纳尔·威尔斯发表声明。声明宣布，哪怕要给共产主义国家提供援助，也要阻止法西斯。美国把冻结的近4000万美元的资产还给苏联，并宣布中立法不适用于苏联，还要向苏联提供援助。与此同时，美军即将进驻冰岛，以代替坚守冰岛的英军。这是罗斯福的一招妙棋，目的在于通过某个事件，诱使希特勒进攻美国，以便促使国会宣布向德国宣战。

德国入侵苏联

7月2日，日本出兵东南亚南部，美国随即宣告中断与日本的谈判。

7月中旬，希特勒向日本提出一项建议，要求日本不要与英国、美国仅保持中立。希特勒说："英国和美国永远是我们的敌人，英美两国会永远反对任何一个已被孤立的国家。只有我们的利益不会有冲突，我的意见是必须消灭它们！"希特勒表示想和日本一起分割苏联的领土。

7月24日，美国总统罗斯福警告日本：如果日本继续向荷属东印度推进，那将是远东的全面战争。罗斯福表示，希望以向日本出口石油换取美国在远东的中立，维持太平洋地区的和平。日本不顾美国的警告，出兵占领法属印度支那南部。

7月26日，美国总统罗斯福发表声明，宣布冻结日本在美国的一切资产，防止日本利用美国的财政金融设备以及日美间的贸易损害美国的利益。同时，英国废除了《英日通商航海条约》《印日通商条约》和《缅甸日本通商条约》。日本政府认为，这是美国、英国、中国和荷兰包围日本岛国的最后一步，对日本的生存构成了巨大的威胁。两天后，日本采取报复措施，宣布冻结美英两国在日本的一切资产。

8月1日，美国宣布对所有侵略国家尤其是日本实施石油禁运，宣布除了棉花和粮食以外，禁止所有物资出口日本。

8月的一天，英军航空兵第二六九中队1架"哈德逊"式飞机在冰岛以南约80海里处海域发现德军U-570号潜艇。U-570号发现英军飞机后急忙下潜。英国飞机投放了1支烟幕筒，并向基地发出报告，于是另1架"哈德逊"式飞机接替了这架飞机。

10时30分，U-570号潜艇浮出水面，英军第2架飞机投下了4颗深水炸弹。U-570号潜艇受到轻伤，但没有经验的德军艇员却投降了。"哈德逊"式飞机在U-570号潜艇上空盘旋。第3架飞机和其他飞机依次接班。23时，英军的"北部酋长号"拖船赶来。午夜后，拖船"金斯顿玛瑙号""沃斯特沃特号"和"温德梅尔号"赶到，2艘驱逐舰也赶到。U-570号德军潜艇被拖到了英国。

8月10~15日，丘吉尔和罗斯福在纽芬兰阿全夏的美国基地制订了一个计划，决定由美国海军对大西洋的运输队进行护航。

8月15日，美国宣布禁止所有货物出口日本，这对资源匮乏的日本来说无疑是致命的。为了得到荷兰的东印度群岛年产量800万吨的油田，东南亚地区的橡胶、锡、铁、铝、大米等资源，日本人决定铤而走险。

9月1日，美军舰队将护航范围扩大至整个大西洋。由于美国海军长期帮助英国海军搜索德军潜艇，美国海军和德国海军之间就不可避免地发生了冲突。

9月4日上午，美军驱逐舰"格里尔号"在冰岛首都雷克雅未克西南约201海里处发现了德军U-652号潜艇。美军"格里尔号"驱逐舰跟踪U-652号长达9个多小时，并不断召唤英国飞机速速赶来。英军飞机接到"格里尔号"不准备进行攻击的通知后，投放了深水炸弹。德军潜艇以为是美军驱逐舰"格里尔号"投放的。

12时40分，德军潜艇向"格里尔号"驱逐舰发射了1枚鱼雷。"格里尔号"驱逐舰躲开，并进行了炮击。13时，德军潜艇又发射第2枚鱼雷，"格里尔号"又躲开了。德军潜艇乘机潜入水中溜走了。

9月7日，德军飞机在苏伊士湾炸沉了美国商船"钢铁海上运输号"。

9月11日，美国总统罗斯福向民众发表广播演讲："为了征服全世界，希特勒知道德国必须控制海洋。他们必先摧毁民主国家在大西洋上的商船……德国必须消灭美国的中立巡逻。我们一直避免与德国交战。现在，我们仍不想发生这样的战争。但是，我们的忍耐是有限度的，绝不会容忍到德国随意攻击我们军舰和商船的地步……从今天开始，轴心国的军舰倘若进入美国巡逻的海域，它们将处于危险之中。"

美国总统罗斯福向民众发表广播演讲

罗斯福把希特勒德国比作响尾蛇，他说："当你看见一条响尾蛇咬人的时候，你不能等到它咬人后才将它打死。"他下令海军但凡遇见德国船就开火，并宣布为西经22°以西的美国和其他国家的船只护航。罗斯福以"格里尔号"事件为由发表声明，凡是进入美国军舰防区内的任何德国或者意大利潜艇，胆敢攻击美国舰船，将让其付出沉重的代价。同一天，美国国会再次修改了中立法，准许美国商船自行武装，运货到英国港口。由此，美德两国海军在西大西洋上不宣而战。

10月15日，一支50艘商船组成的运输船队遭到9艘德军潜艇的攻击。4艘美国海军驱逐舰、1艘英国海军驱逐舰和自由法国的1艘驱逐舰赶来支援。

10月16日凌晨2时，1艘美军驱逐舰受到重创，7艘驱逐舰赶来支援。9艘德军潜艇仍然击沉了6艘商船，还击沉了2艘驱逐舰。

10月17日0时10分，美军"卡尼号"驱逐舰在冰岛西南海域巡逻时，被德军U-568号潜艇的鱼雷命中。"卡尼号"艰难地驶回雷克雅未克，11名舰员死亡。这11名舰员是美国在二战中第一批阵亡的官兵。

10月31日，美军在冰岛附近损失了第一艘军舰——驱逐舰"鲁滨·詹姆士号"，该舰中部被德军U-552号潜艇发射的鱼雷击中，断为两截后立即沉没，舰上115名官兵全部阵亡。

大战的阴影笼罩在美国人的心头。

11月初，英军第八集团军在北非对隆美尔的部队发动了攻击。希特勒要求邓尼茨从比斯开湾各基地抽调潜艇赴地中海作战。英国军情局立即向海军部通报这一情况，海军部下令加强直布罗陀猎潜警戒。德军潜艇在夜里浮出水面通过直布罗陀海峡，而在直布罗陀有9架装备雷达的英国海军航空兵的"剑鱼"式飞机。

11月5日，日本御前会议决定向英美开战。日军大本营发布海军1号令：必须在12月上旬完成一切作战准备。山本五十六命令南云忠一率突击编队于11月22日在单冠湾秘密集结。

11月8日，9架英军"剑鱼"式飞机从"皇家方舟号"航空母舰上起飞。"皇家方舟号"航空母舰被德军潜艇击沉后，这支舰载机中队只好降落在直布罗陀机场。这些"剑鱼"式飞机是用来支援英国空军进行夜间猎潜警戒的。

12月1日，英军"剑鱼"式飞机阻止德军 U-96 号潜艇通过直布罗陀海峡。此后3周，"剑鱼"式飞机通过夜间攻击，迫使德军的4艘潜艇返航。

12月7日，日本海军偷袭了美国海军的珍珠港基地。同一天，东京广播电台播放了日本统帅部的公告。公告称，帝国陆海军在西太平洋地区与美英军发生了交火。日军偷袭珍珠港，重创美军驻夏威夷群岛的太平洋舰队，为攻占菲律宾、马来西亚和荷属东印度群岛奠定了基础。

美国珍珠港受到偷袭后的当天晚上，最兴奋、睡得最踏实的人不是山本五十六，而是英国首相丘吉尔。从此，美国将作为盟国与英国并肩作战，第二次世界大战演变成了全球性的规模空前的战争。这下，丘吉尔终于说出了憋在心里很久的话："我们总算赢了！"

12月8日，美国总统罗斯福披着深蓝色海军斗篷，在国会大厦开始了他一生中最令美国民众难忘的演说：

昨天，就在昨天，1941年12月7日，一个永远让美国人感到耻辱的日子，美国遭到日本海军和空军的偷袭。在这一切没有发生之前，美国和日本处于和平状态……日军偷袭夏威夷群岛的珍珠港，重创美国陆海军，很多美国人遇难。

昨天，日本出兵马来西亚；昨天，日本出兵香港；昨夜，日本出兵菲律宾群岛；昨夜，日本出兵威克岛；今晨，日军出兵中途岛……我们一定要记住，这些对我们意味着什么……不管这场战争要打多久，美国人民依靠正义的上帝，一定能克服一切困难，取得战后的胜利……

战争爆发了，美国人最不愿意看到的事情发生了。日军正在野蛮地摧残美国人民、美国领土、美国的利益。我们一定要相信我们的军队，只要美国人民拥有一颗坚强的内心，最后的胜利一定属于我们……愿上帝与我们同在。

我们请求国会宣布，自12月7日日本发动这场卑鄙的战争之时起，美利坚合众国与日本法西斯帝国进入战争状态。

罗斯福的演说表明，他开始与丘吉尔、斯大林等大国领导人站在同一条船上。这位身残志坚的美国"船长"不仅引导美国最终走上反法西斯的道路，而且对国际反法西斯同盟的建立和团结做出了积极的贡献，当然也为美国战后的扩张做好了安排。

# ◎ "狼群" 美国海岸猎食

12 月 14 日，36 艘商船在英国第三十六护航大队的保护下由直布罗陀出发，不断受到德军飞机和潜艇的攻击。不少于 12 艘的德军潜艇击沉了英国 2 艘商船、1 艘护航航空母舰（"奥达城号"）和 1 艘驱逐舰。德国损失 4 艘潜艇，4 架飞机被从"奥达城号"航空母舰上起飞的飞机击落。

德军潜艇司令邓尼茨不断完善潜艇对付护航运输队的战术，即若有 1 艘潜艇发现盟国护航运输队就立即召唤其他潜艇，并在所有潜艇编队实施联合攻击之前对其进行跟踪。如果英国的护航运输队进入德军远程轰炸机的活动半径，潜艇还会召唤远程轰炸机参与作战。德国海军采用飞机与潜艇相结合的新战术使得英国护航运输队的损失大增。邓尼茨的战术令英国海军惶恐不安。

12 月 20 日，美国海军上将金接替斯塔克担任美国海军舰队总司令。参战前，美国海军尽管拥有庞大的舰队，但长期的孤立主义消磨了舰队的锐气，金也算是临危受命了。

金（1878.11.23—1956.6.25），全名欧内斯特·约瑟夫·金，美国海军五星上将，生于俄亥俄州的洛林。1901 年毕业于安纳利斯海军学校，1933 年毕业于军事学院。一战时，历任驱逐舰舰长、驱逐舰分队长、大西洋舰队助理参谋长。战后，历任潜艇分队长、潜艇基地司令、"列克星敦号"航空母舰舰长、海军航空局局长。1941 年 2 月任大西洋舰队司令。同年 12 月，任美国海军舰队总司令。1942 年 3 月至二战结束，担任海军作战部部长。另外，他还是美国武装部队参谋长联席会议成员和英美联合参谋部成员。根据他的决定，1943 年美国海军在大西洋组建第十舰队，担任护航反潜任务，并亲自兼任舰队司令。在他的影响下，美国在二战中改变了对战列舰的看法，不再把它看成海战中起决定作用的舰种，主张加速建造航空母舰，是太平洋优先的倡导者。1945 年 11 月退役，著有《1941—1945 年战争中的美国海军》、自传《金海军五星上将》。

12 月 21 日，英国 1 架"剑鱼"式飞机在夜间巡逻时，击沉了 1 艘德军潜艇。同时，1 架装有雷达的"威特雷"式飞机也击沉了一艘德军潜艇。

1942 年 1 月 13 日夜，5 艘德军潜艇安全进入美国东部沿海。艇长们从潜望镜里看到，美国东部沿海一片和平景象。大西洋沿岸仍通宵达旦，城镇里霓虹灯闪烁着耀眼的光芒，用于航海的信号灯、灯塔和灯标的光芒虽然有所减弱，但仍照亮了进出港湾的航道。商船在惯常的航道上毫无节制地亮灯航行，船长们在用无线电开着无聊的玩笑，偶尔自报船位……

这一切，让德国艇长们不禁大喜过望，看来美国人尚未采取严密的反潜措施。对于这些吃过英国人反潜战苦头的德军艇长们来说，真是天赐良机。白天，德军潜艇在距离商船航道几海里处下潜到50~150米的深度。黄昏，潜艇抵近海岸，趁着夜色浮出水面，在川流不息的商船间穿梭往返发动袭击。

1月18日夜，阴云密布。北卡罗来纳州哈特勒斯角附近的商船仍像往常一样穿梭往来于航道之上。突然，航道外侧不远处的海面，缓缓地跃出一个黑色的怪物，隐隐可见涂着"U-123"的标记。这是一艘由哈德尔根上尉指挥的德军潜艇，它幽灵一般在黑沉沉的海面上窥视着猎物。

哈德尔根从望远镜里看到一艘悬挂美国国旗的万吨级货轮亮着灯慢慢驶来，他命令潜艇悄悄跟过去。艇艏吐出1枚鱼雷，利箭般直扑货船。轰的一声巨响，货轮像受伤的抹香鲸一样缓缓沉入海底。

接下来几个小时，先后有3艘商船在潜艇的鱼雷攻击距离外通过，后面只跟着1艘小小的岸防巡逻艇。因为哈德尔根胃口太大，觉得目标吨位太小，不值得攻击，3艘商船才幸运地逃过一劫。

哈德尔根突然发现进出港湾的商船航道都用灯光浮标做了明显的标记，所有商船都在浮标左侧行驶。U-123号潜艇沿着浮标线前进，进入商船锚地。此刻，哈德尔根发现了更多目标，他觉得美国船只就像一群束缚在羊圈中的待宰羔羊，可以随意宰割。他看到5艘商船灯火辉煌地排成一列从后面开来，领头的是一艘8000吨的油船。这个机会可不能错过，哈德尔根立即命令艇员用甲板上的火炮轰击油船。猛烈的炮弹击中目标，引起了冲天大火。当U-123潜艇撤离这一海区时，留下的只是身后血与火交织的地狱般惨烈的世界。

哈德尔根在发给德军潜艇司令邓尼茨告捷的电报中，难掩兴奋的心情："太遗憾了！如果有2艘大型布雷潜艇把水雷全部布下就好了。或者除U-123号之外，还有10艘、20艘潜艇，那该多棒啊！我敢保证，每艘潜艇都有肉吃。我总共看到约20艘货船和几艘小一点儿的货轮几乎没有灯火管制，全部贴着海岸航行。这一带的浮标和航标灯光暗淡，但在3~5公里的距离上完全可以看得到。"

　　与此同时，邓尼茨的潜艇指挥部还收到了在美国东海岸其他海域活动的潜艇艇长们告捷的电报。邓尼茨的脸上露出了欣喜的微笑，当即让副官去操办酒席，庆贺胜利。接连的几天里，指挥部洋溢着喜庆的气氛。邓尼茨为他的艇长们骄傲的战绩感到自豪，但他也深知，这一切与美国人的轻敌是分不开的，上帝不会总是偏袒德国人。他不无遗憾地在日记中写道："从艇长们的报告中可以清楚地看到，如果此次作战可供使用的潜艇不是6艘而是需要的12艘的话，那么'击鼓'战中潜艇的威力将更强大。我们虽然抓住了这个千载难逢的机会，并取得了鼓舞人心的战绩，但这次失去的东西再也捞不回来了。"

　　正如邓尼茨预料的那样，派往加拿大沿海新斯科舍半岛－纽芬兰海区作战的VIIC（517吨）潜艇，遇到了前所未有的困难。邓尼茨在使用潜艇方面是很谨慎的，并曾对VIIC潜艇的作战能力进行过精细地计算。他认为，类似VIIC这种活动半径较小的中型潜艇，其续航力不足以维系离美国东海岸更远的南部和西部海区的作战行动，适宜在新斯科舍半岛附近的航运区作战，而且剩余的燃料足够在那里停留较长时间，甚至在必要时可以高航速作战。

　　新斯科舍半岛－纽芬兰海区的天气异常恶劣，雾、大雪、风浪和寒冷严重影响着潜艇的作战活动，致使鱼雷难以命中目标甚至操作失灵。鉴于新斯科舍半岛－纽芬兰海区的潜艇作战效果不佳，邓尼茨将其他满载燃料的中型潜艇从比斯开湾派往哈利法克斯以南海域。这些潜艇沿美国东海岸一路扫荡，直抵纽约和哈特腊斯角附近海域。

德国人想方设法延长潜艇的活动半径。中型潜艇在以往对付护航运输队时，需要经常保持高速运动，节省燃料并非它们的行动准则。然而，在美国海域作战就不能不考虑燃料问题给潜艇远洋作战带来的影响。各潜艇艇长们纷纷拿出了自己的看家本领，因为遥远的美国海区让他们神往，他们迫切需要到那里去。

在大洋航行时，机电长们试用各种方法、各种速度，尽一切可能节省燃料。当顶着风暴航行时，艇长命令下潜。潜艇在水下不仅没有减速，反而节省了燃料。艇员们也想尽一切办法，靠自己克服困难。德军潜艇的舱室比其他国家的潜艇拥挤，如今艇员们放弃仅有的一点"舒适"空间，把舱室装得满满的，就连床铺也堆满食品箱，部分淡水柜也装满了燃料。从艇艏舱至艇艉舱，到处拥挤不堪，连个坐的地方都没有，艇员只能在狭缝中生存。艇员们一个个蓬头垢面、胡子老长，加上沾满油污的制服，活脱脱一群海上"难民"。

德军潜艇还在美国东海岸疯狂地肆虐着，潜艇艇长们的胆子越来越大，已经不满足夜间攻击，大白天都敢攻击商船，甚至伴着阳光在水上发动攻击。德国人有时对击沉商船的受害者们表现出某种"大度"，他们询问救上来的海员，船是哪国的，货物的性质，等等；有时还递给海员们一些饮食和烟卷，在放他们走时会不厌其烦地说："要控诉就控诉罗斯福或丘吉尔，找他们赔偿去！"在这些脱险的海员看来，那些年轻力壮的德军艇员不像是在作战，倒像是在游戏。与那些遭到德军潜艇机枪扫射的海员们相比，这些人算是幸运的了，但是并不能说明他们在潜艇上的屈辱地位会得到丝毫改变。

## ◎ 死亡之地

　　德军潜艇在美国东海岸大肆活动的同时，邓尼茨又把触角伸向了遥远的加勒比海。在他看来，加勒比海有 2 处防御特别薄弱的地方：一个是荷属库拉索岛和阿鲁巴岛附近地区，这两个岛每日能出产汽油 6000 多万加仑及各种石油产品；另一个是特立尼达岛附近地区，大批从南美北行或去南美的商船都要经过该地区，运输铁矾土的所有货船也要经过此岛。于是，他把 5 艘大型潜艇派往这些地区。德军潜艇在加勒比海击沉了大量油船，一时间加勒比海成了海员们谈艇色变的死亡之地。夜晚空气中时常弥漫着滚滚黑烟，海面上漂满了被救生衣上的信号灯照亮的油沫。精疲力竭的人们系着救生带，或坐着摇摇欲坠的小舢舨，拼命在海面那又浓又黏的重油层上痛苦挣扎。

　　邓尼茨在给希特勒的报告中称："我们的潜艇在美国整个大西洋海岸线附近活动，海中游泳的人及美国沿岸城市的居民都是击沉商船和油船的目击人。敌人新建的商船很难弥补商船的损失，随着帝国海军潜艇数量的迅速增多今后更会大有作为。"

二战中的加勒比海

　　3月1日，美国东海疆区、"YP-拟"航空中队的威廉·提普尼中尉驾驶1架"洛克希德·赫德逊"式飞机，正在纽芬兰海域做例行的侦察、巡逻飞行。不久，在雷斯角附近的海面发现了从水下刚刚冒上来的德军U-156号潜艇。提普尼中尉一面用无线电向上级报告敌情，一面操纵飞机迅速抢占有利的攻击阵位。

　　接着，提普尼开始用深水炸弹攻击德军的潜艇。随着轰隆隆的爆炸声，一股股海浪将潜艇掀起，随即又落入一片浓浓的水雾之中。提普尼拉起飞机后，不待德军潜艇有片刻的喘气，又操纵"赫德逊"式飞机再次进入攻击阵位,对潜艇进行猛烈攻击。德军水兵用潜艇甲板上的火炮发动反击。提普尼中尉听到近距离一声巨响,接着飞机开始剧烈抖动起来。原来,潜艇发射的炮弹击中了"赫德逊"式飞机的一个副油箱,引起了一阵黑色浓烟,呛得提普尼喘不过气来,副翼也无法操纵了。提普尼不敢恋战,慌忙退出战斗。

提普尼虽然没有直接命中 U-156 号潜艇,但已使该艇艇长吓出一身冷汗。正当 U-156 号潜艇艇长暗自庆幸准备下潜之时,提普尼的紧急报告为攻潜赢得了宝贵的时间。在附近海区巡逻的 2 架美国海军的飞机几乎同时赶来。格林中尉的飞机率先发动攻击,他大胆地将飞机下滑至距水面约 9 米的高度,紧靠着德军潜艇艇艏投下了深水炸弹。他是一名飞行技能娴熟、大胆而果断的飞行员,用他的话说,这叫作"骑在敌人头上拉屎"。

德军潜艇拼命回击,密集的弹雨将格林中尉的飞机打得千疮百孔,炮塔被打坏,信号弹舱也燃起了大火,带着硫黄气味的浓烟呛得格林睁不开双眼,他不得不拼命拉起飞机,朝着海岸飞去。

格林中尉的勇敢精神激励着罗斯中尉,他驾驶着另一架飞机,向德军潜艇投下了一串串炸弹。德军潜艇艇长这一次害怕了,以往和美国人交手,美国人总是"适可而止"地吓唬一下就跑了,而这次碰上的美国人好像不共戴天,个个玩儿命似的咬住自己不放,全然不顾飞机被击中爆炸的危险。然而,一切难以挽回。罗斯中尉击中了德军潜艇,潜艇已不能下潜,但仍在抵抗。从发起攻击到现在已经过去 20 分钟,罗斯中尉的飞机也受了伤,他不得不驾机离开恋恋不舍的"狩猎场"。

战斗中断 1 小时后,梅森上尉驾驶 1 架"赫德逊"式飞机飞来,看着摇摇欲坠的敌方潜艇,不顾敌人的炮火,投下深水炸弹。对于受伤的 U-156

潜艇来说，这是最不堪忍受的致命一击。不久，这条曾在美洲海岸骄纵一时的德军潜艇带着它的艇员们，带着深深的创痛和无奈，缓缓沉入冰冷的海水中。

此役，美国东海疆区的海军航空兵尽管损毁了 3 架飞机，但毕竟这是美国海军在美洲海岸第一次击沉德军潜艇，不仅为以后的空潜战提供了宝贵的经验，更重要的是大大鼓舞了美国海军反潜战的士气，增强了打击德军潜艇的信心。

德军潜艇在美国东海岸的肆意破坏活动极大地刺激了美国国会议员们脆弱的神经，他们意识到美国已非昔日和平的乐园。这些权贵们纷纷改变初衷，由罗斯福的反对者变成拥护发展美国海军、支持对轴心国作战的"斗士"。迫于国会的压力，罗斯福指示美国海军舰队总司令金："狼已闯入我们的家园，尽快把它们赶出去！"

在大西洋，英国海军仍举步维艰，迫切希望美国人伸出援助之手，早日将不列颠帝国从邓尼茨的"狼群"中解救出来。一边是受到日本严重侵害的美国远东利益，一边是美国传统利益的要害所在——欧洲。然而，美国有限的兵力不允许兵分两处。

经过反复思考后，金给罗斯福总统提交了一份报告："我认为，德国是西半球所有爱好自由国家的、较之日本更为强大和危险的敌人。我国海军的首要任务是，尽快与我们的同盟国一起，在大西洋发起攻势，而在太平洋实行防御。大西洋现在是将来也必须是我国海军最为关注的海洋……"

金把一大部分精力投入到对付德军潜艇的战斗中。为了有效保卫美国近岸的交通运输线，他进行了一系列不懈的探索。美国海军东海疆区司令阿道法斯·安德鲁斯中将是一位声望很高的老资格将军，他还是罗斯福总统的老朋友，也是金的老同学，总之是一位职权很大的倔强老头。安德鲁斯如果扣留下某一艘军舰，那么这艘军舰将归他管辖，而不再属于大西洋舰队了，只有金才能将这艘军舰要回去。在金的授意下，安德鲁斯在他的辖区内组织了一次旨在检验驱逐舰防潜巡逻能力的作战行动。

# ◎ 灭"狼"必须自身硬

4月1日20时，美国海军东海疆区2艘驱逐舰"汉布雷顿号"和"埃蒙斯号"由纽约港出发向南航行，在离商船航线1~2海里的两侧海域进行纵向反潜搜索。

4月2日中午，在距"汉布雷顿号"和"埃蒙斯号"前方数海里处航行的挪威商船发现2艘潜艇，并及时发出了求援信号。收到求援信号后，"汉布雷顿号"和"埃蒙斯号"加速前进。舰员们群情振奋，一扫连续航行所带来的疲劳，枪炮部门的水兵们早已做好了随时攻潜的准备。

没想到，当2艘驱逐舰距离商船数百码时，却遭到了挪威商船的炮击。炮弹不时从驱逐舰上空掠过，有的炮弹落在舰舷两侧的水中，炸起冲天水柱。2艘驱逐舰的舰长吓出一身冷汗，经过不停的无线电呼叫，才结束了这场"闹剧"。原来，挪威商船的船长被德军潜艇搞得草木皆兵，错把美军的驱逐舰当成了德军的潜艇。

2 日夜，"汉布雷顿号"和"埃蒙斯号"驱逐舰发现了 2 艘形迹可疑的船只，2 位舰长以为是 2 艘伪装成商船的德军潜艇。有了白天的教训，美国海军的驱逐舰不敢轻易开火，待驶近一看，不禁暗暗吃惊，原来这是 2 艘脱离了主航道航行的同盟国的商船，这才松了一口气。不久，"汉布雷顿号"和"埃蒙斯号"驱逐舰又接到 1 艘美国油船发来的发现德军潜艇的报告，驱逐舰加足马力冲了过去，却没有发现德军潜艇的踪迹。随后几天的航行中，驱逐舰在温布尔浅滩和卢奥特角地区又接到一些商船发来的发现潜艇的通报，但经过紧张的反潜搜索后，仍然一无所获。

4 月 5 日凌晨，"汉布雷顿号"和"埃蒙斯号"又收到了"比德韦耳号"商船遭受鱼雷攻击的通报，2 艘驱逐舰立刻驶往出事海域。尽管日出前一直在这个地区巡逻，但是竟然没有和潜艇发生声呐接触。

安德鲁斯认真总结了这次反潜巡逻行动的教训，在呈送给金的报告中写道："由于我们缺乏保证与潜艇保持声呐接触的科学的搜索方法，当视距良好时，德军潜艇可以在驱逐舰和潜艇发生声呐接触前，抢先发现驱逐舰。因此，潜艇很容易摆脱驱逐舰的搜索。我们的驱逐舰缺乏对潜搜索的装备，舰员缺少对潜攻击的训练，实践证明用这些驱逐舰巡逻海区没有什么效果。"

如果说，安德鲁斯的驱逐舰巡逻试验带给金的是一次失败的经历，那么美国海军组织的检验大西洋护航运输队的行动则是成功的。海军中校亨尼曼在给美国海军司令部的报告中指出："当'HX-183'护航运输队在大西洋上航行时，护航运输队的警戒舰数量比运输船还要多。为了完成这一重大任务，警戒舰中有很多驱逐舰。此外，在航路两端区域，还有飞艇和飞机的掩护。可见，空中的行动是很令人满意的。驻在纽芬兰的海军飞机曾帮助我们寻找护航运输队，并把护航运输队的航向、航速、距离和护航区内的能见度通知我们，以便和护航运输队会合。在 4 月 12 日、13 日和 14 日 3 天中，横渡于大西洋航线东段上的护航运输队经常有空中掩护。尽管天气恶劣并时常与敌人的潜艇遭遇，但是由于护航运输队航速比较快，加之警戒兵力强大，没有损失一船一兵……"

德军潜艇闯入美国东海岸进行破坏已经 3 个多月，美国东海岸依然如故。当海军舰队总司令金提出在阿特兰提克城到南佛罗里达的整个大西洋沿岸实行国防性灯光管制时，反对声此起彼伏。这些人说如此做法破坏了游览的黄金季节，甚至有人向最高法院提出诉讼，要求用法律"制止这种有碍美国商业发展和人权的举措"。迈阿密市政当局迟迟没有在该地实施灯火管制，仅一个海滨疗养区及其市郊的霓虹灯就能把半径 6 海里的地区照得如同白昼，南行的商船清晰可见。

海军舰队总司令金

在金的努力和罗斯福的亲自干预下，美国海军东海疆区于 4 月 18 日正式公布了在整个美国东海岸实施灯火管制的命令。陆军东海岸防御指挥部负责岸上强制性地实施，这样避免了更大的无谓牺牲。

通过几个月来的反潜斗争，金清楚地看到这样一个事实：反潜作战如同捕捞巨大的水母，想用两只手奋力抓它是徒劳的，如从四面围攻就能收到一定成果。然而，要想有效地对付德军潜艇，航空兵的作用是不能忽视的。

长期以来，美国陆军几乎控制了美国所有的陆基军用飞机，却从未考虑过执行反潜任务的必要性。美国飞行员没有受过海上飞行、保护航运以及对诸如潜艇之类的小面积目标进行轰炸的训练，这一切的形成是有原因的。1920 年，美国颁布了军事拨款法，规定陆军管制陆空军，海军管制海空军。所有的美国军用陆基飞机，除近程侦察飞机外，都归陆军节制，而海军能控制的只是水上飞机。当英国人的经验业已证明航空兵反潜的重要性时，美国人仍我行我素，其结果是德军潜艇在大西洋沿岸给美国人带来了无比惨重的损失。

美国海军东海疆区司令安德鲁斯在给海军部的报告提到：除驻在诺福克的 1 个中队的"卡塔林纳"式水上飞机以外，美国东海疆区没有其他飞机能够担任近海的经常性巡逻和保护商船航运的任务。海军航空兵飞机大都是一些不大的"0SZU-3"型和"S0C-3A"式单发动机飞机，这样的飞机载弹在空中飞行不能超过 3 个小时。为保障反潜防御，迫切需要四发动机的岸基重型轰炸机。

鉴于此，金只得向美国陆军参谋长马歇尔请求支援。马歇尔对老朋友的请求大开"绿灯"，提供了一切可能的支援，并特别颁布了一项指示，规定"东海岸防御指挥部指派参加海上战斗活动，保护航运和对潜防御的全部陆空军在作战关系上隶属于美国东海疆区司令海军中将安德鲁斯指挥。"如此一来，能够担负美国东海疆区对潜防御的飞机达 300 架之多，其中海军航空兵的飞机由以往的 80 多架增至近 100 架。

金估算了一下，为了保卫美国东海岸、墨西哥湾和加勒比海至少需要 500 架装有雷达的中型和重型轰炸机。他明白，为了同德国的潜艇进行斗争，需要渊博的学术、丰富的经验、充沛的精神力量和大量的经费开支。

4 月 13 日夜，当"罗珀号"老式驱逐舰在诺福克海军基地外侧海域以 18 节航速进行巡逻警戒时，舰长霍斯少校接到舰上观察部门的报告："距我舰 2469 米处发现德军潜艇。"舰长一面命令将舰速提至 20 节，一面命令各部门做好攻潜作战准备。一时间，舰上铃声大震。水兵们飞快地跑上各自的战位，雷达紧紧地套住了潜艇，深水炸弹早已做好发射准备。

当距目标约 640 米时，德军潜艇朝"罗珀号"驱逐舰发射了鱼雷。"罗珀号"舰长霍斯下令紧急规避，鱼雷擦着舰舷蹿了过去。驱逐舰距德军潜艇 270 米时，霍斯命令用探照灯照射目标。顿时，一道令人眩目的光束罩在德军潜艇上。"罗珀号"上的水兵们在探照灯的照射下非常清楚地看到了目标，就连潜艇艇艏附近的"U-85"字样都清晰可辨。

"罗珀号"驱逐舰的火炮和机枪一齐向德军潜艇开火。当德军 U-85 号潜艇正准备紧急下潜时，一串炮弹击中潜艇的水线部分。紧接着，驱逐舰投放了深水炸弹。次日，美国人发现了被击沉的 U-85 潜艇，以及漂浮着的 29 具德军士兵尸体。

4 月 17 日，英军出动 12 架飞机轰炸德国奥格斯堡的柴油机厂，其中 7 架飞机被德军击落。

## ◎ 幽灵 U-701

　　4月20日，德军 U-701 号潜艇从法国洛里昂出发，带着潜艇司令邓尼茨的亲笔命令驶向美国东海岸。这是一条 500 吨级的潜艇，舱内装满水雷。邓尼茨交给艇长施目贝格上尉的手令是让他们到美洲海岸布雷。

　　5月11日，德军"梭子鱼"潜艇群尚未完全组织好，欣施海军中尉率领的 U-569 号潜艇在驶往预定的巡逻地点的途中，于大环形航线海区发现了 1 支向西南航行的英国护航运输队。邓尼茨感到预定的巡逻和侦察已经不需要了，当即命令就近的另外 5 艘潜艇发起攻击。当天夜里，"梭子鱼"潜艇群击沉了 7 艘船只。随后几天，因天气恶劣，能见度差，只能偶尔辨认出英国护航运输队。为了准确地重新捕捉护航运输队，邓尼茨命令"梭子鱼"潜艇群组成一个侦察幕。结果，由于 1 艘潜艇掉了队，造成一个空隙，护航运输队悄悄地从中溜掉了。

　　5月12日，U-701 号潜艇抵达美洲海岸。在黑夜的掩护下，U-701 号按照计划在切萨皮克湾入口处布下了由 15 颗水雷组成的雷阵。该雷阵严重破坏了进出诺福克港的航运。直到 1 艘油船触雷沉没后，美国海军才发现了这一雷阵。一时间，运输繁忙的诺福克港被迫中断使用，往来的商船避而远之。尽管如此，在扫除这一雷阵之前，美国仍有 1 艘油船、1 艘运煤驳船和 1 艘武装拖网渔船触雷沉没，美国海军的"班希里奇号"驱逐舰和 1 艘油船触雷受损。

5 月下旬，"梭子鱼"潜艇群在纽芬兰以南 600 海里补充油料后，鉴于美国海区潜艇战效果不佳，邓尼茨命令"梭子鱼"潜艇群折返向东，继续在英国运输队可能的航线上寻歼商船。它们接连发现了 3 支向西航行的英国运输队，并击沉了其中的 5 艘船只。与此同时，德军潜艇在直布罗陀至弗里敦航线上先后攻击了英国护航运输队，并取得了一定的成果。所有这一切，似乎证明了邓尼茨的推断，即英国的护航运输队正在利用大环形航线取捷径航行，而潜艇攻击护航运输队的前景也是相当乐观的。根据这些作战经验，结合美洲海区潜艇战的形势，邓尼茨毫不犹豫地得出结论：在美国沿岸的任何潜艇战已不再有利可图。

6 月 4 日，英军雷达员在 10 公里远的海域发现了德军潜艇，并立即引导飞机向潜艇飞去。飞机下降时，雷达屏幕上果然发现了一艘大潜艇。潜艇没有立即下潜，仍然浮在海面上。当飞机到达 76 米高度时，打开"利"式探照灯，1 艘意大利潜艇被照到了。飞机降到 15 米高度时，投下了 4 颗新式深水炸弹。深水炸弹在 7.6 米以下爆炸，潜艇严重受损，不过仍然返回了基地。此后，盟国使用了很多新式反潜武器，战果不断增加。英国飞机在 6、7 月份的夜间曾经 10 次照到潜艇，发动了 6 次攻击。

6 月 5 日，英国飞行员利用 "利" 式探照灯，在夜间击沉了 1 艘德军潜艇。由于不断遭到攻击，德军潜艇司令邓尼茨命令所有潜艇必须在水下航行返回比斯开湾。然而，潜艇充电时必须在白天浮出水面，这样盟国飞行员发现潜艇的机会就更多了。

6 月 16 日，U-701 潜艇在离卢克奥特角以南 15 海里处向 1 艘向南行驶的商船发射了 2 枚鱼雷，都没有击中目标。随后的 4 天里，U-701 潜艇成功避开了 1 艘海岸警卫队警戒舰的攻击。由于海岸警卫队的水兵们训练水平低，又缺乏反潜经验，更缺乏反潜作战的坚定毅力。因此，当警戒舰发现德军潜艇时不是抵近攻击，而是远距离漫无边际地使用深水炸弹攻击，致使 U-701 潜艇得以顺利逃脱。

6 月 19 日拂晓，幽灵般的 U-701 号潜艇在哈特勒斯角地区悄然上浮，直接靠向毫无戒备的美国海岸警卫队的 1 艘 "YP-389 号" 巡逻船。U-701 号潜艇在近距离内，用火炮和机枪进行攻击。巡逻船马上进行反击，但是 70 毫米火炮发生了故障，投下的深水炸弹因水浅没有爆炸。这样一来，"YP-389 号" 巡逻船只能被动挨打，结果难逃被击沉的命运。在此后的一周内，U-701 号潜艇发现了 2 个护航运输队，并用鱼雷攻击了队中的 1 艘英国油船。护航运输队的警戒舰使用深水炸弹驱赶，U-701 号轻伤而逃。

6 月 28 日中午，U-701 号潜艇对有 2 艘美国海岸警备艇和 3 架飞机护航的万吨级 "威廉·洛克菲勒号" 油船发起攻击，致使该油船受到重伤。尽管反潜警戒舰群和飞机进行了反击，但由于缺乏必要的反潜装备，效果不是很大。当天夜里，U-701 号潜艇悄悄浮出水面，对停泊在海面等待救援的 "威廉·洛克菲勒号" 油船进行了疯狂攻击，并最终将其击沉。

7月5日黎明前，英军飞机的雷达员在荧光屏上发现了1艘德军潜艇。英军飞机直扑目标，打开探照灯后，果然发现1艘潜艇正在海面上航行。英军飞机投下深水炸弹，一举命中。爆炸声平息后，海上泛起一片黑影（燃油）。这艘刚从加勒比海地区回来的德军潜艇缓缓沉入海底，海面上的黑影越来越大，四散开去。

7月7日中午，美国海军航空兵哈里·凯恩驾驶1架"洛克希德·赫德逊"式飞机在北卡罗来纳州彻里角地区进行日常反潜巡逻时，意外发现领蒙德浅滩30海里处有1艘潜艇。

没等潜艇下潜，凯恩少尉便低空投下3颗深水炸弹，潜艇永远地沉入海底。

原来，凯恩炸沉的潜艇正是臭名昭著的U-701号潜艇。当潜艇沉入水中14~18米时，艇长匆忙下令弃艇逃生。18名艇员逃出潜艇，其中11名离艇后被汹涌的海浪吞没，剩余7人顺着墨西哥湾海流向北漂流50多个小时后，被美国海军的飞艇发现，并给他们投下1个橡皮船和1包食品。没过多久，美国海岸警卫队将7人悉数捕获。

# 第五章

## 空潜战全面对抗　大西洋海战升级

　　德军潜艇对盟国的 S1–125 船队进行攻击，获得了丰硕的战果。经过 7 个夜晚的攻击，德军潜艇群共击沉 13 艘商船，自身没有受到任何损失。原来，这是盟国精心策划的一次行动，目的在于将 S1–125 船队作为诱饵，将德军潜艇调虎离山……

## ◎ 因"孤狼"而蒙冤

　　7月19日，德军潜艇司令邓尼茨下达命令，把潜艇战的重点再次转移到北大西洋海上运输队的航线上。为了尽可能高效使用现有潜艇，邓尼茨制订了对盟国护航运输队作战的新计划。邓尼茨将来自德国和法国的潜艇组成的潜艇群部署在北大西洋东部，盟国驻北爱尔兰和冰岛的海岸巡逻队封锁海域的边缘地区让其不断西行，以搜索最新发现的海上运输队航线和其他情报提供的海上运输队可能经过的航线。一旦碰上的话，这些潜艇可以将运输队紧紧咬住，在敌空中护航兵力尚难达及的整个大西洋海域利用一切机会发动攻击。然后，潜艇到停留在百慕大群岛东北的潜水油船近旁去加油，回头来再在纽芬兰沿海部署新的潜艇巡逻线，希望以同样的方式碰上东行的海上运输队。

　　邓尼茨认为，他的新计划具有很大的伸缩性，足以应对任何具体情况和气候变化。根据这个计划，3个半月一轮的对盟国护航运输队的潜艇战打响了。这种潜艇战往往持续4~6天，有时甚至8天，间或有些短暂的停顿。一旦发现盟国运输队，德军潜艇不顾风向和天气尽量接近运输队。尽管盟国护航运输队采取了一些规避行动，潜艇还是借助夜色的掩护，浮出水面进行攻击。倘若在德军潜艇攻击前，盟国运输队能够突然改变航向，就能挫败潜艇几天所做的一切努力，而且还会被盟国护航舰只赶跑而与其脱离接触。这样一来，潜艇战就不得不从头开始，到最后常常又因为掩护飞机的到来或者纽芬兰沿岸经常出现的大雾而失败。尽管如此，德军潜艇在大西洋上对盟国海上运输队的攻击仍然取得了一些战果。

7月29日，航行在墨西哥湾海面的"罗伯特·李号"客货两用船遭遇德军U-166号潜艇的突然袭击。担任护航任务的是1艘美军护卫舰，其舰长科特兹中校一边救援落水的300多人，一边用深水炸弹攻击U-166号潜艇。最终，"罗伯特·李号"还是沉没了，船上的10名水手和15位乘客遇难，近万吨物资沉入海底。

海战结束后，科特兹马上向美国海军部报告，说他们已经击沉了德军的U-166号潜艇。然而，由于科特兹的护卫舰未能使"罗伯特·李号"躲过U-166号德军潜艇的攻击，美国海军部非常生气。事发现场未发现德军潜艇的任何残骸，甚至连油渍都没有发现，没有证据证明科特兹的报告是真实的。鉴于此，美国海军部否决了科特兹上报的击沉U-166号潜艇的战报。

也难怪海军部大发雷霆，自美国参战后，美军海岸警卫队出动了6000架次反潜巡逻机，向德军潜艇可能出现的海域发动了40多次袭击，却没能击沉哪怕一艘德军潜艇。

8月1日清晨，美军海岸警卫队飞行员怀特和波格斯驾驶水陆两用飞机进行巡逻。在美国霍玛空军基地以南 160 公里处海域高空，怀特和波格斯驾驶的飞机飞行高度为 1500 米。他们紧张地观察着海面，因为来自霍玛空军基地的报告说，1 艘德军潜艇曾出没于墨西哥湾。怀特降低飞行高度，向密苏里河口飞去。忽然，他看到海面上有一艘灰色的德军潜艇正在向西航行。副驾驶员波格斯马上向霍玛基地报告。怀特立刻飞到德军潜艇后面，准备用仅剩的一颗深水炸弹攻击潜艇。此时，德军潜艇也发现了上空的美国巡逻飞机，赶紧下潜。怀特不等德军潜艇完全潜入水中，就将深水炸弹投了下去。深水炸弹入水后当即爆炸，潜艇不见了踪影。

大西洋海战

怀特和波格斯飞回基地后，美军海岸警卫队和陆军的指挥官都认为，怀特和波格斯击沉的潜艇一定是德国的 U-166 号潜艇。怀特和波格斯不敢相信这是真的，因为 U-166 号是刚下水 9 个月的潜艇，它第一次出海作战就击沉了 7 万多吨的盟军货船，盟军急需的石油和航空燃油跟货船一起葬身海底。U-166 号可以说是德军在大西洋中最凶残的"孤狼"。如今，这只凶残的"孤狼"被怀特和波格斯一击毙命，两个名不见经传的人物一下子成了国家英雄。怀特荣获优异飞行十字勋章，波格斯荣获美国空中英雄勋章。两人击沉德军 U-166 号潜艇的事迹被拍成好几部电影和电视剧。

由于美国陆军和海岸警备队一致认定 U-166 号是被怀特和波格斯击沉的，那艘护航"罗伯特·李号"客货两用船的护卫舰舰长科特兹的行为则构成了双重罪行。于是，他被大家公认为失职军官，一致要求他对 25 条人命和上万吨战略物资的损失负责。美国军事法庭判定科特兹渎职罪和欺瞒军情罪，解除其军职，并判处 8 个月的监禁。科特兹受尽了羞辱，出狱后他觉得抬不起头来。两年后，他留下遗书说自己的护卫舰真的击沉了 U-166 号潜艇。随后，便开枪自杀了。

60 年后，U-166 号潜艇被击沉的真相大白天下。人们在墨西哥湾发现了一艘德军潜艇的残骸，它正是 U-166 号。这就是说科特兹才是真正的英雄，他才是二战中在墨西哥湾唯一击沉德军潜艇的英雄。怀特和波格斯驾驶的飞机攻击的是德军的 U-171 号潜艇，该潜艇并没有被击沉，而是安全返航了。

# ◎ "狼群"，疯狂的"狼群"

　　8月6日午后，大雾突然消失。德军的U-210号潜艇上浮到便于观察的海面。就在这时，盟军驱逐舰"阿西尼波音号"和高速护卫舰"黛安萨斯号"突然一起猛扑过来。U-210号见势不妙，迅速下潜。一连串深水炸弹投了下来，U-210号受到重创，无法下潜。艇长雷姆凯少校只好任U-210号潜艇浮在水面，启动德塞尔发动机试图尽快逃离现场。9公里之外的驱逐舰"阿西尼波音号"紧追不舍。双方很快进入彼此的火炮射程之内。一发炮弹命中了U-210号的指挥塔。U-210号潜艇不甘示弱，用大炮还击，将驱逐舰击中起火，该舰1人死亡，13人受伤。

　　此时，盟军驱逐舰和U-210号潜艇距离非常接近，火炮难以发挥威力。驱逐舰直接向潜艇冲去，试图凭借其坚硬的外壳和吨位上的优势将潜艇撞沉。U-210号潜艇急忙躲避，紧贴着驱逐舰的右舷溜了过去。U-210号试图挣脱险境，均告失败，最终被急速回转的驱逐舰撞了个正着。驱逐舰舰艉投下一串深水炸弹，使本已遭受重创的U-210号潜艇更加伤痕累累。艇长雷姆凯少校和乘员们不得不放弃U-210号，任其挣扎着被波涛吞没。U-210号上的幸存者被随后赶来的护卫舰"黛安萨斯号"救起。"阿西尼波音号"也受到了重创，不得不离开商船队，独自返回基地。

8月8日午后，天气晴朗，能见度较高。德军潜艇抓住良机再次对船队发起攻击。几分钟内，它们就用鱼雷击沉了5艘商船。商船队立即出现了恐慌和混乱。有3艘商船的船员惊慌失措中将轮船熄火，弃船转移至救生艇。其中2艘商船的船员稍稍镇静下来后，发现船只并未受到攻击，于是再度折回，重新启动船再次加入船队。另外一艘商船"拉多杰其号"的船员则完全弃船。"拉多杰其号"在无人驾驶的情况下，在大海上随波逐流地漂荡了好几天，最终被潜艇击沉。

从这一天的午后至深夜，德军潜艇一直疯狂地追逐、攻击这支船队。商船队的护卫舰只也不示弱，一旦发现潜艇踪迹便穷追不舍。护卫舰"黛安萨斯号"终于盯上了U-379号潜艇，并用深水炸弹将其击伤，逼其浮出水面，然后将其击沉。由于盟军护卫舰的积极主动反击，一举击沉3艘德军潜艇。不过，盟国船队接二连三地被击沉4艘商船。

8月9日，5艘高速护卫舰赶到，与原来的护卫舰队一起担负商船队的护航任务。剩下的4艘德军潜艇只得小心翼翼地同商船队周旋。德军潜艇司令邓尼茨从其他水域调集潜艇支援作战，盟国方面也紧急调兵前来支援。双方都在紧张地调兵遣将，因而这一天没有发生什么交火。

8月10日清晨，盟国船队进入其陆基飞机的作战半径内。由于盟国援军姗姗来迟，在陆基飞机尚未飞抵船队上空时，德军潜艇抓住时机发动了一次攻击，击沉 3 艘商船。盟军飞机抵达作战海域后，潜艇被迫潜航。邓尼茨不得不发出停止攻击的命令。

在这次战斗中，德军潜艇共击沉了 12 艘商船，总吨位达 5.6 万吨。与此同时，在南方的盟国商船航线上，德军的其他潜艇群也创下了令人恐怖的战果。

8 月 14 日，德军潜艇群攻击了盟国的 S1-118 船队，接着又袭击了 SU-119 船队，共击沉 5 艘商船，总吨位 4.2 万吨。

8 月中旬，U-507 号德军潜艇击沉 5 艘巴西货船。在德军潜艇群疯狂的攻击下，盟国认识到了向南美海域扩展护航体系的重要性，对近海护航体系进行了重大调整。南大西洋舰队组成护航兵力，建立起灵活的分段护航体制，从而有效地遏制了"狼群"对商船的袭击。为了对付在加勒比海的德军潜艇群，英军第五十三中队的"哈德逊"式飞机转场特立尼达、圭亚那，在巴西海岸进行反潜巡逻。

8 月 22 日，巴西向德国宣战。巴西没有受过猎潜作战训练的飞机，美军只好出动几个"卡塔林纳"式飞行中队援助巴西。为了寻找防御薄弱的海域，邓尼茨将潜艇部署得越来越远，有些潜艇甚至深入印度洋。印度洋的大型部队运输船和从波斯湾油田出发的很多油船，都得通过南非的航线。德军潜艇采用的是"独狼"战术，印度洋上的护航舰队能够立即发现，它们离开运输队去追击德军潜艇，直到将潜艇击沉。

在南非开普敦附近的商船损失惨重，英国海军被迫从一些护航舰队中抽出 10 艘拖网渔船、驱逐舰和轻型护卫舰成立开普敦护航部队。为了支援"火炬"作战的准备工作，英军轰炸机机群对比斯开湾的德军潜艇基地发动了空袭。然而，比斯开湾已经建成了安全停泊潜艇的混凝土洞库。洞库顶盖厚达7.6米，连英国空军最大的"高脚柜"炸弹都无法将其炸穿。

二战时期的德国军人

德军潜艇对北极的苏联护航运输队的攻击力度较小，因为北极的天气恶劣，经常有8级以上大风，并伴有巨浪、浓雾、低温和雪暴。护航舰艇也遇到很多困难，冰雪和寒冷使人们非常不适应，声呐的工作条件自然很差。

8月底，美国舰队总司令金广泛征求了许多人对反潜作战的意见，并在英国海军的帮助下，对原来的护航体系进行了一系列的调整，建立了新的分段护航体系。

根据分段护航体系，海上航行几乎跟列车编组运行差不多。一支护航运输队返回纽约后，驶往英国的另一支护航运输队从纽约出发；往返于基韦斯特与纽约之间的护航运输队为一列直达快车，往返于关塔纳摩与纽约之间的护航运输队为另一列直达快车；其他的护航运输队属于局部的区间列车，区间列车负责把所有货物运送到基韦斯特港和关塔纳摩港；航行时间表像列车时刻表一样，若某一区间列车（其他的某支护航运输队）迟到一天，则编入下一班直达快车（护航运输队）一起出发；区间列车每隔 10 天 1 班，直达快车每隔四五天一班。

这样一来，纽约港成为美国近海航运体系中最大的终点站，纽约则成为大西洋近海护航运输队和横渡大西洋护航运输队的货物集散中心。

美国海军采取分段护航体系后，墨西哥湾和加勒比海的运输情况大大好转。从此，盟国商船再不会分散向美国东部各港口航行了，全部组成了一支支区间列车驶往编组站——基韦斯特和关塔纳摩。随着美国海军实力的不断壮大，分段护航体系的触角不断延伸，形成了庞大的护航网络。该护航体系直到战争结束前没有做过大的修改，它拯救了美国的海上生命线，使美国经济从德军潜艇的威胁中挣脱出来。

## ◎ 猎杀，肆无忌惮地猎杀

9 月中旬，邓尼茨第一次在大西洋集结了 20 艘潜艇，目的是伏击英国的 S1-100 护航运输队。鉴于此次潜艇群兵力空前强大，邓尼茨对战果期望很高。上天似乎有意跟邓尼茨作对。当 S1-100 护航运输队行驶至拉斯角东南约 200 海里海面时，强劲的西风变成了风暴。潜艇群难以发动攻击，只得采取有利的航向和航速来抵御风暴的袭击。此役，仅击沉了 3 艘商船。

9 月，德军潜艇装备了能够发现雷达发射波的接收机。这样，每艘潜艇就能知道盟军飞机正在扑来。潜艇在受到飞机攻击前就开始下潜，这无疑严重影响了岸防航空兵巡逻的作用。英军岸防航空兵在 9 月间利用雷达和探照灯发现了 101 次德军潜艇，到了 10 月份只发现了 62 次。

10 月 10 日，为捕捉从美国出发的向东航行的盟国船队，德军大批潜艇偷偷潜至纽芬兰海域。其中一支"狼群"埋伏在亚索列斯群岛附近，静候从雪利港驶出的 SC-104 船队，但直到深夜也没有看到其踪影。邓尼茨认为这支船队很可能绕到东北方向去了，并下令"狼群"转赴该海域。其实，邓尼茨并没有获得可靠的情报，完全是凭借自己的经验做出的判断。

10月11日，邓尼茨在作战室里坐立不安，焦急地盼望着尽早收到"狼群"发现护航运输队的报告。

10月12日凌晨，一阵急促的电话铃声把邓尼茨从梦中惊醒。值班参谋报告："刚刚接到巡逻幕北端潜艇艇长特罗耶尔中尉的报告，他们昨日下午发现1艘英国小型护卫舰。"

邓尼茨生气地问："为什么这么长时间才报告？"

值班参谋回答："他们说由于天气干扰，风浪太大，潜艇无法及时发报。"

邓尼茨心想，这艘小型护卫舰肯定是英国护航运输队中的警戒兵力。尽管情况掌握得有些迟，但也应该碰碰运气，盯上这条小鱼就不愁找不到鱼群。于是，他命令"狼群"全速向小型护卫舰方向追赶。下午，1艘德军潜艇再次发现那艘小型护卫舰，该潜艇一面召唤其他潜艇，一面紧追不舍。傍晚，追踪着护卫舰航迹的"狼群"，终于找到了英国SC-104护航运输队。原来，这是一支包括47艘商船的大型船队，担任护航任务的只有2艘驱逐舰和4艘护卫舰。

接下来的两个夜晚，风暴尽管减弱了些，但是仍然波涛澎湃，护航运输队机动和对潜观察都十分困难。德军潜艇群乘机发起攻击，特罗耶尔中尉指挥的U-221号潜艇击沉了7艘商船，其中一艘是万吨级的"南方快车号"油船，它是为护航舰艇补给燃料的。其他潜艇除击沉1艘商船外，却没有什么大的战果。战后，邓尼茨破格晋升特罗耶尔为海军少校。

10月15日夜晚，英军"派堪特号"驱逐舰发现了德军的U-691号潜艇。

在该潜艇还未来得及下潜时，"派堪特号"就将其击沉。"费姆号"驱逐舰则盯上了 U-353 号潜艇，用深水炸弹对其进行攻击。U-353 号受到重创后浮出水面，全艇乘员弃艇逃生。在 U-353 号潜艇沉没前，"费姆号"驱逐舰的几名官兵到该艇中搜查，缴获了大量资料、手册等，英军从中获得了许多极宝贵的情报。

10 月 26 日，德军潜艇在大西洋上搜寻向西航行的盟国船队时，无意中发现向东航行的 HX-212 船队正在接近潜艇警戒线中央。邓尼茨决定亲自指挥这次行动，他电令警戒线中央附近的潜艇先行撤退，再让侧翼的潜艇迅速向船队靠拢，这样便可以使商船队陷入潜艇群的包围中。此时，暴风雨已经过去，潜艇可以顺利地运用鱼雷发动攻击，更为有利的是，海面上仍有风浪，使得盟军护航舰上的雷达图像模糊不清，探测器也不能准确地捕捉到潜艇的位置。

10 月 28 日夜，德军潜艇协同作战向船队发动突然袭击，结果击沉 7 艘商船。两天后，1 艘潜艇在纽芬兰沿海发现了正在向东航行的 SC-107 船队，当即将这一情况向德军潜艇司令部做了报告。邓尼茨当即调集 7 艘潜艇悄悄跟踪船队，只待时机成熟发动突然袭击。然而，该海域在纽芬兰陆上基地飞机的控制范围内，潜艇受到空中牵制不敢贸然攻击船队。U-509 号和 U-658 号潜艇在追踪过程中被加拿大飞机击沉。直到 11 月 10 日，这支船队才驶出陆基飞机的控制范围。潜艇群立刻迫不及待地展开攻击。仅在两晚之间，潜艇就击沉了 15 艘商船。盟国船队进入以冰岛为基地的警戒飞机的控制范围后，盟军飞机赶来救援并炸沉了 U-32 号潜艇，潜艇群这才撤出战斗。

在南方马得拉岛的外海，德军潜艇对盟国的 S1-125 船队进行攻击，获得了丰硕的战果。经过 7 个夜晚的攻击，德军潜艇群共击沉 13 艘商船，自身没有受到任何损失。原来，这是盟军精心策划的一次行动，目的在于将 S1–125 船队作为诱饵，将德军潜艇调虎离山，以配合盟军的北非登陆作战。因此，S1–125 船队付出惨重代价是在所难免的。在德军潜艇肆无忌惮地猎杀 S1–125 船队的同时，盟军庞大的运输船队与登陆舰队正浩浩荡荡地奔向直布罗陀海峡，北非登陆作战开始拉开战幕。

　　S1–125 船队既然被当作诱饵使用，也就做好了被潜艇攻击的准备。正是因为做出了巨大的牺牲，才使得参加北非登陆作战的部队免遭潜艇的袭击。盟军在北非登陆成功，说明了德军统帅部对形势的判断是完全错误的，盟军的行动令他们大感意外。

盟军在北非登陆成功

11月8日，当邓尼茨得知美军已在摩洛哥沿岸登陆时，立刻下令在直布罗陀海峡和凯布贝尔蒂群岛海域的所有潜艇开赴摩洛哥沿海；在北大西洋活动的潜艇，除燃料不足的潜艇都集结到直布罗陀海域。

11月11日，德军潜艇到达指定海域。尽管盟军在登陆场附近有驱逐舰、护卫舰和飞机警戒，再加之陆地上架设了雷达。在海空防卫如此严密的情况下，德军潜艇群仍然展开了疯狂的攻击。U-173号潜艇率先突破盟军警戒防御线，用鱼雷击中3艘舰船。

11月12日黄昏，U-150号潜艇沿登陆场附近的近岸海面潜行，不时用潜望镜侦察一下海面，以此方法击沉了盟国3艘运输船。邓尼茨不愿意在直布罗陀外海使用潜艇，尽管直布罗陀外海的舰船很多，但它的海空警戒可谓密不透风，潜艇很难有所作为，甚至有不少潜艇在展开行动之前就遭遇惨重的袭击。

11月中旬，德国海军总司令雷德尔命令邓尼茨将29艘潜艇调往直布罗陀海峡外海，并补足在地中海损失的潜艇。邓尼茨对此提出强烈的反对。最后两人达成妥协，调往直布罗陀海峡外海的潜艇由29艘减为12艘。至于地中海方面，则不管损失多少，只补充了4艘。

盟军将兵力集结到北非方面，并为运输船和补给船提供充分的护航兵力，这样就减少了在大西洋各船队的护卫舰艇，给了德军潜艇袭击船队的一个极好机会。可就是在这个时候，邓尼茨接到了雷德尔调动潜艇的命令。邓尼茨认为在盟国舰艇集中的地方动用潜艇强行发动攻击，是在扼杀潜艇的作战价值。如果说要给敌人以闪电式的打击，阻止他们的作战行动，那就另当别论了。

邓尼茨对形势的分析得到认可后，海军总司令部变更了一部分命令，即将原来要调往直布罗陀的潜艇，改为调去亚瑟群岛西方的大西洋中部，以阻止盟军对非洲登陆部队的增援。这一行动由于没有能够保证获得成功的合理依据，到12月6日，德军潜艇只击沉了4艘盟国船只。

11月14日晨，1架英军飞机在奥兰以北的海面发现了U-595号德军潜艇。深水炸弹把潜艇炸得腾空而起，又落入水中。英机对潜艇进行了2次炮击，也遭到潜艇火炮的重击。飞机的一个油箱和副翼被击穿，被迫撤离。其他飞机赶来参战，1架飞机下降到距离水面9米的高度，向潜艇投掷深水炸弹。

U-595号潜艇拼命还击，英军飞机机身布满了窟窿，飞机的炮塔被打烂，浓烟熏得机组人员睁不开眼，只好撤离。2架飞机继续攻击，德军潜艇继续还击，再次击退了英军飞机。一个小时后，英军反潜飞行员布洛克驾驶"解放者"式飞机，冒着U-595号潜艇的防御炮火，在艇艏艉准确地投下了深水炸弹，U-595号潜艇几乎沉没。艇长连忙下令破坏秘密设备，把文件扔进大海，接着指挥潜艇搁浅在非洲北海岸。U-595号潜艇艇长能够出色地指挥炮手们炮轰飞机，重创3架英国飞机，是因为他有3年驾驶水上飞机的经验。

11月15日，布诺克发现了浮在水面上的U-259号德军潜艇，于是马上发动了攻击。深水炸弹准确地击中了潜艇。U-259号潜艇在爆炸时，引爆了甲板上的一枚鱼雷。鱼雷爆炸产生的巨大气浪使布诺克的飞机受到重创。飞机座舱的地板和窗户都震碎了，一些仪器、升降舵和方向舵的舵叶被震掉，机翼外面2米长的顶部向外卷了起来。"解放者"式飞机旋转着下降，布诺克靠调节两部发动机的油门来驾驶飞机。

同时，布诺克指挥机组人员在机舱内跑来跑去，作为活动压舱物，尽量使飞机保持平衡。这样，飞机才摇摇晃晃地飞向基地。为了爬高，布诺克被迫关闭发动机的散热风门板，结果一个发动机由于太热而熄火。由于没有舵，飞机向下呈螺旋形坠落。布诺克在4个机组人员跳伞以前，检查了他们身上的降落伞。一个人因为降落伞没有打开而丧命，一个人由于飞机撞到身上而丧命。布诺克和另一个机组人员安全降落。

11月17~18日，德军潜艇群对ONS-144船队发起攻击，最后击沉了4艘商船和1艘高速护卫舰。由于燃料短缺，"狼群"集中起来，等待接受"乳牛"（大型输油潜艇）的燃料补给。正在这时，暴风雨突然袭来，"狼群"不得不在怒吼的波涛中折腾了好几天。燃料不够，就没有动力使潜艇垂直浮出海面，二次电池也无法充电，潜艇舱里既不能照明更不能烹调食物。艇上乘员已被风暴、饥饿折磨得头昏眼花。

暴风雨过后，"狼群"为了能尽快喝到"乳汁"，不得不使用无线电联系。没有电力，更没有充电的燃料，"狼群"无法潜航。如果发出的无线电波不但没唤来"乳牛"，反而把敌方的驱逐舰招引来，"狼群"只有自认倒霉，乖乖地充当人家的活靶子。"狼群"惶恐不安地等待着"乳牛"的到来。最后，终于等到了救星般的"乳牛"，"狼群"匆匆吸足燃料补给，急急忙忙向比斯开湾基地开进。

## ◎ 漂亮的反潜护航

11 月 19 日，英军大西洋西部海防区司令霍顿给英国海军部写信说，到现在，在战争期间冬季的超远程飞机减少了，1942 年的冬季不会有好转了。西部海防区在发现大量德军潜艇后没有能够成立护航舰艇预备队，霍顿要求成立支援舰队，以支援遇到紧急情况的护航运输队。支援舰队能够长时间在大西洋上航行，航速应该很快，以便为受到威胁的护航运输队提供远程支援，并能追击敌方潜艇，直到消灭它们。

11 月 25 日，霍顿再次强调急需超远程飞机。英国海军部通知霍顿，空军先向海军提供 300 架飞机，之后还会提供 300 架。第一二〇中队的超远程"解放者"式飞机将于 1943 年 3 月服役，第八十六中队的超远程"解放者"式飞机于 5 月服役。

11 月 30 日夜晚，1 架英军"威特雷"式飞机凭借雷达发现了 8 公里外的 1 艘德军潜艇，很快便将其击沉。当晚，1 架英军"剑鱼"式飞机攻击了德军的 U-96 号潜艇，并迫使其返回基地。后来，"剑鱼"式飞机又对通过直布罗陀海峡的 4 艘德军潜艇发动了夜间攻击，迫使其全部返回基地。

12 月 7 日，邓尼茨命令"莽撞者"和"装甲车"2 个潜艇群共 20 多艘潜艇，在 HX-217 大西洋护航运输队进入北大西洋亚索列斯群岛时，对其发动突然攻击。英国的这支护航运输队由 25 艘商船和 5 艘护卫舰组成。

12 月 8 日黎明，先期到来的德军潜艇发现了 HX-217 大西洋护航运输队。尽管第 120 中队的一架"解放者"式飞机在远离冰岛基地 1200 公里外，为商船提供近程掩护，德军潜艇还是击沉了 1 艘商船。此后不久，英国皇家空军少校布洛克驾机赶到，继续提供近程掩护。布洛克知道附近有潜艇，因而搜索得非常仔细。

天色阴沉，能见度不太好，接着又下了一场冰雹，气候更糟了，给搜索工作带来了难以想象的困难。然而，布洛克和他的机组仍围绕护航运输队进行大面积搜索，希望能发现德军潜艇。突然，布洛克发现机翼左侧下方，商船队的后面，有一艘在水面高速航行的潜艇，正在全速追赶护航运输队。布洛克立即用携载的 6 枚深水炸弹进行了反潜，潜艇很快消失了。

1 个小时后，布洛克又发现 2 艘潜艇正发疯地追赶护航运输队。布洛克驾机对准其中的 1 艘，用仅存的 2 枚深水炸弹发起攻击，2 艘德军潜艇很快又潜入水下。

经过长时间的航行和战斗，布洛克和他的机组人员早晨就没吃上饭的肚子更加饥饿。尽管如此，这些坚强的勇士仍在继续巡逻。一名机组人员在机舱内用电炉烧好牛排和土豆作为午餐。布洛克坐在座舱内，盘子摆放在膝盖上，飞机进入自动驾驶仪飞行状态，他准备好好享用这份难得的佳肴。

就在这个时候，布洛克突然发现 1 艘在水面高速行驶的德军潜艇，他赶忙抓住操纵杆，同时发出了战斗警报。滑稽又心酸的一幕出现了：只见盛着牛排和土豆的盆子从布洛克的膝上滚了下去，溅了他一身油污，与此同时后面机舱里也响起了一阵盘子落地的稀里哗啦声。机组全体人员哪顾得了这个，全都跳了起来，各就各位。布洛克驾机向潜艇俯冲下去，用加农炮和机关炮猛烈扫射，吓得那艘潜艇急忙下潜，成了缩头乌龟。

德军的潜艇不断拥入这片海域，布洛克和他的机组不断发现目标。往往还来不及完成一次攻击，来不及在飞行日志上记录下全部细节，另一艘潜艇又出现了，又不得不再进行一次攻击。布洛克每次都用加农炮射击，迫使潜艇不敢露头。如此反复较量，整整 5 个多小时内，布洛克先后发现 8 艘德军潜艇，对其中 7 艘进行了攻击。随着飞机续航时间到达极限，布洛克才"恋恋不舍"地告别德军潜艇，返回位于雷克雅未克的空军基地。

布洛克离开以后，第一二〇中队的伊斯特德少校赶来接班，继续担负空中掩护任务。他发现 5 艘潜艇，攻击了其中 4 艘。这样，布洛克和伊斯特德非常成功地完成了掩护护航运输队的任务，两个机组共发现 13 艘潜艇，攻击了其中 11 艘，粉碎了德军用"狼群"战术对护航运输队可能的协同攻击。事后，邓尼茨在当日的战地日记中写道："此次作战失利，战果甚微，究其原因，是由于敌人护航兵力十分强大……"让邓尼茨和那些德国艇员们做梦也没有想到的是，令他们惊恐不已的强大兵力，只不过是 2 架飞机。

12 月中旬，北大西洋海域天气变坏，"狼群"不得不停止疯狂的觅食行动。

12 月 21 日夜，1 架"剑鱼"式飞机正在英吉利海峡西部巡逻，观察员从雷达荧光屏上发现 5 公里外的一个目标。飞行员驾驶飞机前去搜寻，波涛汹涌的海面上什么都看不见。这时，飞机已经下降到 91 米。当飞机在接近目标 1.6 公里时，目标的雷达回波与海面回波混杂在一起。观察员凝视着海面，不久，潜艇的航迹出现了。飞机投下 3 颗 204 公斤重的深水炸弹，潜艇立即沉没。

在 11 月末和 12 月的前 3 周中，英国飞机在夜间击沉 1 艘潜艇，重创 5 艘，而德军向地中海派去了 15 艘潜艇。由于地中海有了足够的潜艇，德军在几个月内没有派潜艇通过英吉利海峡。在英国岸防飞机达不到的海域，向护航运输队提供空中护航的方法就只能是出动航空母舰了。英军航空母舰的数量太少。为此，英国需要简单的、能够大量建造的、成本便宜的航空母舰。解决办法就是在商船上改装飞行甲板、停机装置和降落阻拦网。

12 月 23 日，德国海军总司令雷德尔认为潜艇作战对阻止盟军登陆北非起不到什么作用，于是下令中止了潜艇的作战任务。尽管如此，由于燃料不足的缘故，到 11 月初无法抵达摩洛哥沿岸的数艘潜艇和不需要前往直布罗陀外海的 8 艘潜艇，仍然承担着对商船队的攻击任务。

12 月 27 日，德军潜艇开始向商船队展开攻击。利用船队周围的雾层，潜艇攻击了 ONS—154 船队，击沉 13 艘船只。这次作战是潜艇部队 1942 年在北大西洋最后一次对英国船队发动的攻击。

德军潜艇在这一年共击沉盟国舰船 1160 艘，总吨位 625 万。如果加上潜艇以外的兵力所击沉的舰船数，则可高达 779 万吨。德军损失 87 艘潜艇，仅仅占已服役的潜艇的 18%。德军尚有 393 艘现役潜艇，其中 212 艘可以随时参战。比起 1941 年年初只有 249 艘潜艇、91 艘能随时应战的情况，1942 年年底显然有了很大改善。这一年，盟国的造船量达到了 700 万吨，在同盟国与轴心国之间的"吨数战争"中，轴心国处于优势。

# 第六章

# 潜艇战不可一世　遇困局"狼群"收缩

邓尼茨命令潜艇停止攻击，向西撤退。
这场战斗是德军潜艇对盟国护航运输队作战
中规模最大、最成功、击沉商船数最高的一
次作战。2支船队共90艘商船，被击沉22
艘商船和1艘护卫舰，被重创9艘船只。

# ◎ 两巨头共商灭"狼"

1943 年 1 月 6 日，德军统帅部召开三军高级将领会议。希特勒在会上就 1942 年 12 月 31 日德军战列舰"力佐号"和巡洋舰"希巴号"未能完成攻击英国船队任务一事，大发雷霆。海军总司令雷德尔元帅被剥夺了发言陈述的机会，并遭到希特勒长达 90 分钟的训斥。希特勒最后轻蔑地说："海军的巨舰都是废物，一群废物！"

1 月 13 日，德国海军总司令雷德尔考虑到长期以来与希特勒的意见不一致及 1 月 6 日会议上遭受的训斥，给希特勒写了一封信。雷德尔的信一是对所受到的训斥做解释，二是要求希特勒在某些问题上给予独断行事的权力。对于雷德尔的来信，希特勒毫不理会。

1 月 14 日，美国总统罗斯福与英国首相丘吉尔在摩洛哥的首都卡萨布兰卡举行会谈，商讨盟军作战计划。参加会谈的美方人员有陆军参谋长马歇尔、海军总司令金、陆军航空兵司令阿诺德；英方人员有英军总参谋长布鲁克、第一海务大臣庞德、皇家空军参谋长波特尔。另外，还有美国总统私人顾问霍普金斯、租借物资管理委员哈立德和英国的蒙巴顿将军等。

罗斯福、丘吉尔与蒋介石

会谈一开始，罗斯福就直奔主题："前几天斯大林通知我，由于他正忙于指挥伏尔加河方向的作战，所以不能亲自前来参加这次重要的会晤。不过，我想他即使来了，所关心的也只有开辟欧洲第二战场的问题。第二战场是我们共同关心的问题，谁都希望战争尽快结束，但是我们的将军们认为现在的准备还不是很充分。"

布鲁克接过话题："的确如此，在这之前我和马歇尔将军就这个问题进行过专门讨论。我们一致认为：在欧洲大陆上的作战将是一次规模空前的战争，至少要有100万人以上的军队参加最初的行动，它的胜负将决定我们的命运，我们必须争取时间做尽可能充分的准备，我们要为参战官兵的生命负责。"

罗斯福当然明白布鲁克话中的意思，英国人不愿承担太大的风险。他回头看了一眼坐在身边的马歇尔。马歇尔似乎对布鲁克的话不置可否，好像没有听见一样。

布鲁克见美国人没有反应，接着说："对苏联人来说，伏尔加河方向的作战已经稳操胜券，德军第六集团军已经陷入重重包围，他们今后的一段日子会好过得多。趁着这个机会，我们为什么不更多地照顾一下其他战场的情况呢？毕竟我们双方在一起才有更多的共同利益。既然北非的登陆已经取得了胜利，我们为什么不再前进一步，到西西里去，在轴心国柔软的腹部插上一刀呢？我们的敌人并不止一个，在地球的另一端还有日本，难道我们就不能在太平洋战场上，比如缅甸，采取一点儿更积极的进攻行动吗？"

没等罗斯福发话，马歇尔先开了口："布鲁克将军，我想我们的话题扯得太远了。谁都清楚结束战争的关键是打败德国，打败德国的关键在欧洲大陆，这个问题一年前就已经明确了。我看我们还是研究一下尽早在欧洲登陆的问题吧。"

马歇尔再一次提出对欧洲大陆的登陆作战问题。庞德接过话头："马歇尔将军，我只从我专业的角度提一点问题。就我们现有的海运状况，我们根本无法保障那样的大规模登陆作战。一句话，我们没有那么多船，我想金将军应该同意我的观点。"

金点头表示同意。两天前，他刚刚同庞德就这个问题签署了一份备忘录。

这时，丘吉尔站起身来，走到墙边，伸手拉开墙上的大布帘，一幅巨大的北大西洋海图出现在大家面前。他一边用手在地图上比画，一边说："各位先生，这张图上的一切恰如其分地表明了我们当前的处境。在战争开始的时候我们总共拥有 4200 万吨商船，4 年来邓尼茨已经击沉了其中的 1700 万吨，而我们的造船工业所能补充的充其量也就是损失数的三分之二。也就是说，我们的海运能力在不断下降，加上编队航行造成的效率低下，我们只有战前海运能力的 60%~70%。这种情况不仅直接威胁到英国的生存，而且使我们无力在欧洲大陆采取任何大规模的进攻行动。因此，我认为在我们没有真正解决海上的问题之前，是无法谈及欧洲大陆作战的。仅仅从准备未来的登陆作战而言，我们甚至有必要大幅度削减对苏联的海运计划。"

丘吉尔一番演说之后，会议室内陷入沉寂。这个时候，金站起来，不动声色地说："作为一名海军军官，我为首相阁下如此准确地掌握着海运情况而感到自豪。正如阁下所阐述的那样，目前海运的状况还不允许我们进行大规模的跨海作战，因此在缅甸的攻势行动也就无从谈起。"

金的发言使在场所有的英国人很尴尬，半天说不出话来。最后，布鲁克有气无力地回敬了一句："那么，我们在准备欧洲大陆作战期间，总应该有一点配合行动吧，仅靠英国的兵力实在是杯水车薪。"

罗斯福觉得是该自己说话的时候了，于是欠了欠身子："先生们，我们没有必要再争论下去了。问题已经很清楚了，海上运输是我们的头等大事，没有它我们什么也干不成。在彻底改善海运问题之前，我愿意同英国朋友们一道说服斯大林，把我们的登陆作战行动推迟到下一个年份。至于其他方向的配合作战行动，我们总得有所表示，我看布鲁克将军的意见倒是可以考虑，我们可以在西西里方向发动一次有限规模的攻势。"

丘吉尔听了罗斯福的话，会心地笑了，这时他才猜到美国人的意图。原来罗斯福也不想拿美国人的生命开玩笑，所谓欧洲大陆的攻势只不过是一个筹码，说到底是不想让英国继续染指亚洲罢了。他环视了一下四周，惜字如金："看来只能如此了。"

霍普金斯接口道："如果这样，我们怎样说服斯大林呢？毕竟苏联人牵制着德国一半以上的兵力。"

丘吉尔笑了笑，轻松地说："这个问题我早就想好了，我们可以宣布一个最终的战争目标——无条件投降！我看这个提法会受到所有朋友欢迎的。"

卡萨布兰卡会议直到 1 月 24 日才宣告结束。最终，会议产生了两个重要结果：(1) 同盟国要求德国无条件投降，这是一个政治意义上的重要结果；(2) 英美两国一致同意，大西洋方向上的反潜作战将成为今后一年中的首要作战任务，这是一个军事意义上的重要结果。

盟国海上运输的最大威胁是德国的潜艇，这是非常明显的事实。盟国要想在欧洲展开反攻，必须保证源源不断的物资从北美运抵英国，而要保证船队航运的安全就必须消除德军潜艇对大西洋的威胁。根据这一情况，盟国海军不得不对德军潜艇"狼群"作战异常重视起来，将海军兵力集中用于对商船队的护航和歼灭"狼群"方面。

# ◎ "狼主"统率海军

　　1月30日，雷德尔向希特勒提出辞去德国海军总司令的职务。希特勒表示同意，并任命邓尼茨为海军总司令。当雷德尔移交最高指挥权时，仅仅对希特勒提了一个请求："请您在戈林面前支持海军和我的接班人。"

　　邓尼茨在接受这一职务时提出，自己仍然担任潜艇部队司令，因为他深信自己身兼两职对德国赢得战争具有非常重要的意义。他想扩大潜艇的战果，甚至掌握战争的进程。邓尼茨虽然知道自己面临的任务很重要，也很艰苦，但他仍为能担任这一职务兴奋不已。邓尼茨希望随着职务的提升，影响力越来越大。在过去的几年中，作为潜艇部队司令的邓尼茨不得不忍受德国的政治领导和国防军统帅部所坚持的大陆主义的态度，尽管雷德尔元帅多次规劝，但这些人仍然认识不到海洋对于德国的重要性，海军自然不能及时充分地得到战争所必需的兵力和武器装备。邓尼茨上任后，决心改变这种局面。

　　邓尼茨认为，要实现这个目的只有一个办法，那就是对希特勒施加影响。

光靠书面报告是不够的，通过在元首大本营担任要职的将军来反映海军的要求也不够，必须亲自出马才行。仅满足于在希特勒面前做一次简短的汇报还不行，应该长时间留在元首身边，直到一次汇报产生的影响得到充分体现为止，这样可以激发希特勒丰富的想象力。

然而，邓尼茨一开始便遇到了麻烦。当他上任海军总司令那天向希特勒汇报时，元首滔滔不绝地对邓尼茨讲了为什么让大型军舰退役的问题，并交给他一份由雷德尔拟定的大型军舰退役计划。

看了雷德尔的计划后，邓尼茨认为，这样做在军事和政治上均会产生不良后果，因此提出放弃这个计划，并向希特勒做了汇报。听完邓尼茨的汇报后，希特勒大发雷霆，他万万没有料到邓尼茨这个一向要求大力支持潜艇战的前潜艇部队司令会持这种态度。希特勒尽管非常生气，但最终还是同意了邓尼茨的请求。

希特勒对邓尼茨有着特殊的好感，以至于在几年后指定邓尼茨为他的接班人。邓尼茨很有个性，在希特勒面前从不唯唯诺诺。希特勒对邓尼茨很是信任。当其他人向希特勒提出对海军的建议或要求时，或在他面前以某种方式指责海军时，他经常这样回答："海军元帅一定会尽快按要求去办的！"这种关系的逐步发展，大大方便了邓尼茨对海军的领导，但是也给他的地位带来了副作用，使他面临其他军种和帝国当局的非难。

戈林经常把其他军种的失误当作头条新闻不切实际地告诉希特勒，因此邓尼茨与他之间多次发生冲突。最激烈也是最后一次冲突发生在一次大的形势讨论会上。会议一开始戈林报告说，德军的快艇在英吉利海峡沿岸的某港口受到英军飞机轰炸，损失惨重。造成这次事件的原因很可能是海军的快艇没有分散隐蔽，为了省事一股脑儿地集中在一起。

邓尼茨反唇相讥："我不能容忍您抨击海军，元帅先生，您最好去关心一下您的空军吧，那里够您忙的。"

会议室里顿时陷入死一般的寂静。后来希特勒宣布开会，才打破了这种沉闷的气氛。会后，希特勒有意挑逗性地留邓尼茨吃早饭，而与戈林握手告别。从此，戈林再也不敢随意指责海军，几天后他还出乎意料地给邓尼茨送来了用钻石做的航空兵徽章。

邓尼茨在接任海军总司令之前，就开始着手进行潜艇的技术改进和战术革新。1942 年，德国生产出被称为"乳牛"的大型输油潜艇，为海上的潜艇加油。这种输油潜艇载油量 430 吨，可使 12 艘中型潜艇在海上逗留的时间增加 4 个星期，或使 5 艘大型潜艇的逗留时间增加 8 个星期。有了这种"乳牛"，德军潜艇可以深入大西洋任何海区，作战能力和参战率均有较大增长。

邓尼茨上任后，立即抓紧组织新型潜艇"瓦尔特"的批量生产。这种以燃气轮机为动力的新型潜艇，水下时速可达 23 节。潜艇还装备了"T-5"式电动和自导鱼雷，射程可达 594 米，时速 25 节。每艘潜艇装备了可伸缩的通气装置，可一直在水下续航，使盟军雷达测位器不易搜索到。潜望塔四周还装备了保护装置，以干扰雷达的探测。另外，潜艇的防空武器也得到了加强。

邓尼茨在研究了盟军的护航战术后，对"狼群"战术做了进一步完善。他将潜艇部署在大西洋、加勒比海、墨西哥湾海区，将原来在 222 海里至 300 海里正面的大艇幕作战改为 3 道至 4 道小艇幕，依次展开在航线上，航空兵担任搜索、引导潜艇攻击目标的工作。邓尼茨企图通过一系列的调整改革，重新找回昔日在大西洋交通线上潜艇的辉煌时代。

# ◎ "狼群"横行北大西洋

　　德军潜艇在北大西洋对船队展开了攻击。盟国的 HX-224 高速航行船队遭到攻击，3 艘船只被击沉。在被潜艇救起的英国海军军官中，有一个军官无意中说，继 HX-224 船队后两天，还有一个船队经过。两天后，根据被俘获的英国军官提供的情报，德军 20 艘潜艇在北大西洋"恭候"船队到来。时间不长，63 艘满载重要军用物资的舰船组成的船队浩浩荡荡地向潜艇警戒线冲过来，船队的四周至少有 12 艘以上的舰艇护卫。这场战斗异常惨烈，四分之三的德军潜艇遭到深水炸弹的攻击，3 艘沉没，2 艘受伤。英国船队损失更为惨重，13 艘满载重要军用物资的商船被击沉。

　　2 月 2 日，1 架盟国飞机在鹿特丹被击落，变了形的雷达残存部分被运到柏林。德国科学家们对此产生了浓厚的兴趣，识别出一个残存的部件——磁控管。此事惊动了德军最高统帅部，为什么无线电侦听部队没能对盟军的这种雷达发出预警？德国陆海空三军的生命可都掌握在侦听部队的手中。空军总司令戈林沮丧地说："我知道英美是先进的，但我没有想到会这么先进。我原以为，哪怕我们落后，也不会差得这么远。"

2月21日，ON-166船队遭到德军潜艇的攻击，4天之内丧失了14艘商船，总吨位数8.5万。与此同时，ON-167船队也被发现，并立刻遭到潜艇更为猛烈的攻击。在都利尼达德附近的海域，摩亚少校的U-124号潜艇攻击了一支船队，先后共击沉4艘、总吨位数2.356万的盟国商船。

2月23日，空军总司令戈林在柏林的无线电厂召开会议。会议决定，必须尽快仿制出鹿特丹雷达，作为德国军用雷达的样机。会议还决定研制接收盟军雷达信号的专用接收机。这种接收装置的代号为"纳克索斯"。德国科学家们对德国的命运感到担忧，但潜艇部队不了解真实的情况。

2月27日，HX-227高速航行船队受到德军潜艇的攻击，被击沉1.4万吨。之后，SC-121船队也遭到攻击，丧失13艘舰船，总吨位数6.2万。这些数字加上其他零零碎碎的战果，德军潜艇1月份的总"战果"为39艘，20万余吨；2月份为63艘，35万多吨。这些"战果"应归功于德国海军总司令部代号为"B"的部门。潜艇临战前，"B"部门总能及时倾全力破译盟军船队的密码，并将密码内容迅速通告潜艇，使潜艇对船队的攻击做到有的放矢。

英国海军对潜艇司令部的无线电波做了倾尽全力的破译工作。当盟军获知了潜艇所在地并及时改变船队航线时，侦察到这种无线电波的德军"B"部门立刻会指使潜艇绕到船队的前列。盟军的无线电又破译了潜艇的行动，船队又会再次改变航线。就这样一会儿潜艇等船队，一会儿船队躲潜艇，最后谁能取得胜利，那就要看英德两军破译机构之间的较量了。谁先赢得信息、赢得时间，谁就能在这场较量中占优势并取得胜利。为此，德英两军均投入了极大的精力、智力、财力，他们各自挑选出类拔萃、精明强干的优秀人才担任这种复杂、事关重大的情报侦察工作。

3月5日凌晨，1架装备了新式雷达的英军飞机在加比斯湾上空巡逻，飞机利用雷达发现了U-333号德军潜艇。U-333号潜艇用加农炮进行还击，并击落飞机。艇长施瓦夫向邓尼茨报告："我艇在未收到任何预警的情况下，遭到敌机攻击。我艇受到轻伤，敌机坠落。"

3月5日，SC-122护航运输队从纽约出发。途中遇到风暴袭击，该队60艘船只中的6艘商船不得不于3月8日驶入哈利法克斯港口。同日，由40艘船只组成的HX-229运输队也出发了。为SC-122运输队护航的有2艘驱逐舰、1艘护卫舰和5艘驱潜快艇；为HX-229运输队护航的有4艘驱逐舰和1艘驱潜快艇。2支船队分别沿格陵兰和冰岛的北航线向东行驶。

这时，船队指挥官接到与他们反向航行的ON-170运输队的护航飞机和舰艇的电报，说在这个地区发现并听到德军潜艇的无线电信号。指挥官当即决定将这2支运输队转入南部航线，并通过无线电给运输队指挥官下达了指示。然而这些改变航线的命令被德军"B"部门破获。邓尼茨如获至宝，下令"劳布格拉夫"潜艇群从能见度极差的纽芬兰和格陵兰间的海域撤出，快速前往占领横越在SC-122运输队新航线上的有利位置。他还修正了"粗暴者"和"压迫者"2个潜艇群的航向，命令11艘潜艇组成的"压迫者号"潜艇群前往HX-229号运输队的航线开战。由于风暴太大，"劳布格拉夫"潜艇群没能及时赶到指定位置。

3月15日傍晚，SC-122运输队到达巡逻线以东海域。在这以南的航线行驶的HX-229运输队也越过了潜艇巡逻线的南端。要不是返航的U-653

号潜艇无意中在侦听装置上听到了 HX-229 船队商船发出的宽带噪声，这两支运输队想必可以避免这场临头大祸。

邓尼茨接到 U-653 号潜艇的报告后，当即向现场派遣了"劳布格拉夫"潜艇群中的 8 艘潜艇、"粗暴者"潜艇群中的 6 艘潜艇和整个"压迫者"潜艇群，命令它们赶在已被发现的 HX-229 运输队之前建立一道巡逻线。此时，风暴狂啸不停，由东向西席卷着北大西洋海面。为 SC-122 护航的 1 艘反潜拖网船"坎波贝洛号"被巨浪掀翻，商船难以保持在运输队中的位置，2 支运输队中都有单个或成群的船只掉队。

3 月 16 日中午，"劳布格拉夫"潜艇群中的几艘潜艇发现了从 HX-229 运输队中掉队的船只，寻迹追踪，很快便发现了这支运输队。从夜间 23 时至次日早晨 6 时，德军的 U-603 号潜艇、U-758 号潜艇、U-435 号潜艇、U-91 号潜艇和 U-600 号潜艇在夜幕的掩护下，从不同方向逼近运输队，发起水面攻击。结果击沉 6 艘商船，重创 4 艘。U-91 号潜艇仍不放过受伤的商船，它钻入水下，对所有受重创的船只以最后一击，使它们沉入大海。

16 日晚上，北面的"粗暴者"潜艇群发现了 SC-122 号运输队。U-384 号潜艇和 U-631 号潜艇一起发动攻击，4 艘商船被击沉。在随后的 3 天里，德军潜艇群像一群群饿狼扑向 2 支船队，撕咬着孤助无力的"羊羔"。有限的护航舰在海面上疲于奔命，它们顾此失彼，应接不暇，商船接二连三地被击中或被击沉。

3 月 17 日，德国柏林的无线电厂召开了第二次会议。与会者得知无线电公司在研制接收机的晶体滤波器方面遇到了难题。很明显，德军潜艇还无法装备有效的接收机。

3月19日黎明，"解放者"式远程轰炸机从960公里外的冰岛和北爱尔兰基地起飞，对德军潜艇发起攻击。U-384号潜艇当即被炸沉，U-338号潜艇、U-441号和U-631号潜艇遭遇重创，其他潜艇见势不好，急忙潜入水下。商船得救了，船员们一片欢呼，向飞行员们挥动双臂，举着表示胜利的"V"字形手势。这时，2支运输队汇集到一起。一些护航舰只从冰岛急速增援，使得护航舰艇增加到18艘，包括英国、加拿大和美国的驱逐舰、英国的护卫舰和海岸炮舰、英国和加拿大的驱潜快艇以及美国的海岸警卫队快艇。这个时候，尽管风暴停止，月朗星稀，德军潜艇却没有任何机会对商船队发动偷袭了。除了U-666号潜艇击沉1艘商船外，其余7艘潜艇均慑于护航舰的深水炸弹，保命要紧。

3月20日拂晓，德国海军总司令邓尼茨命令潜艇停止攻击，向西撤退。这场战斗是德军潜艇对盟国护航运输队作战中规模最大、最成功、击沉商船数最多的一次作战。2支船队共90艘商船，被击沉22艘商船和1艘护卫舰，被重创9艘船只。这些战果令邓尼茨和潜艇官兵士气大增，深信自己在将来的大西洋海战中一定稳操胜券。

# ◎ "狼群" 遇到克星

3 月 20~28 日，盟国飞机在比斯开湾发现了 26 艘德军潜艇，攻击 15 艘，击沉 1 艘。这艘潜艇是被装备了新型雷达的飞机击沉的，尽管只击沉了 1 艘潜艇，但被攻击的 15 艘却是经过九死一生才逃生的。

3 月底，对于纵横大西洋不可一世的德军潜艇来说，突然出现了不祥的阴影。盟国海军新式武器航空母舰在大西洋上亮相，盟国的船队护航舰队配置了航空母舰。这样一来，航空母舰舰载飞机就能够阻止潜艇群对船队的攻击。1941 年，盟国在地中海地区曾使用改装母舰"奥达西第号"护卫船队，结果被潜艇击沉。现在，在大西洋上的船队护航舰队也要配备航空母舰。

自从在大西洋出现了航空母舰，潜艇的活动屡遭母舰舰载飞机的攻击，盟军以最快的速度把天空的"间隙"填满了。到了 3 月底，盟军以数艘护卫舰艇编成了一支独立的支援舰队。这支支援舰队与航空母舰在编成之初参加了登陆北非的"火把"作战行动。"火把"作战结束后，支援舰队立即被转移到大西洋，参加大西洋的反潜作战。

所谓支援舰队，就是以驱逐舰、高速护卫舰等组成的舰队，舰上乘员都是久经沙场、有勇有谋的官兵。支援舰队不属于特定的某支船队，它就像"巡警"一样，担负着船队的安全任务。支援舰队一抵达大西洋，船队所属护卫舰艇就没有后顾之忧了，全力以赴对付潜艇，向偷袭潜艇投以大量的深水炸弹。从这以后，德军潜艇开始了走向低谷的滑坡时期。

3月26日傍晚，SC-123运输队前面的几艘舰船从赞尔韦尔角东南驶入德军"安康"潜艇群中。U-663号和U-564号潜艇几乎同时发出与敌接触的信号。

U-663号潜艇浮出水面，正要瞄准1艘商船，却猛然间看到1艘英军驱逐舰迎面而来，速度极快。艇长急忙命令下潜。U-663号潜艇刚潜到潜望镜深度，四周就响起了深水炸弹接二连三的爆炸声。潜艇剧烈地震荡起来，艇内照明中断，艇员被摔出战位。潜艇失去控制，径直朝下滑去。艇员们摇晃着爬回各自的岗位。应急照明灯灭了，潜艇在180米深处止住了下滑。

艇长心里直犯嘀咕："见鬼！这驱逐舰好像发现了我们似的。"他猜得没错，这艘驱逐舰是支援舰队的舰艇，该舰队都装备了新式高频测向仪，对付惯于夜间袭击商船的潜艇非常有效。其他潜艇的命运也不比U-663号好多少，它们还没有来得及发出有关该运输队的航向和航速信号，就被支援舰队一个个地赶入海底。SC-123号运输队安然突破了潜艇巡逻线。

偷袭HX-230护航运输队的德军"鲇鱼"潜艇群也同样碰了壁。支援舰队抵达后，HX-230号船队护卫舰没有了后顾之忧，可以专心对付德军潜艇，不许它们靠近商船。随后赶来的支援舰队就可以把那些虎视眈眈的潜艇赶跑。

进入 4 月后，德军在北大西洋航线上的潜艇数量达到了二战时期的顶点。邓尼茨动用了 60 艘潜艇部署成 4 条延伸的巡逻线：16 艘潜艇组成"燕八哥"潜艇群潜伏在冰岛的西南方向，等待 ONS-5 运输队；18 艘潜艇组成的"啄木鸟"潜艇群在纽芬兰东北海域搜索 SC-127 号护航运输队；在"燕八哥"潜艇群南面的是新成立的"山鸟"潜艇群，该潜艇群全部由刚刚下水的潜艇组成，此时正开往西南方向，以迎击 HX-235 运输队；13 艘新潜艇和毫无经验的水兵组成"画眉鸟"潜艇群，该潜艇群配置在西班牙和比斯开湾以西的直布罗陀航线上，以狙击为避开潜艇而转航的运输队。

邓尼茨的"狼群"覆盖了同盟国在大西洋的每条护航航线。英国布莱奇德情报机构已经渗透到德军 B 部门，邓尼茨的兵力部署很快就成为公开的秘密，一清二楚地标在英国海军部的作战图上。盟国的运输队安全通过了危机四伏的"狼群"陷阱，只有 ONS-5 号运输队遭遇"狼群"。ONS-5 护航运输队由 43 艘运输船、3 艘驱逐舰、5 艘护卫舰和 2 艘担负救护的武装拖网船组成。

4 月 22 日，ONS-5 号船队驶离英国克莱德河口，分 11 路纵队逆风而行，取偏北的航线避开德军潜艇经常活动区，横渡大西洋开往加拿大、美国等港口。

4 月 28 日，"燕八哥"潜艇群巡逻线北端的 U-650 号潜艇发现了正要擦身而过的 ONS-5 号船队，立即通报给伙伴。空守多日的德军潜艇迅速扑向目标。这个时候，大风卷着黑沉沉的云幕，巨浪滔天，浪峰高达 10 多米，忽而将船只抛向峰顶，忽而将船只甩到浪底。由于能见度非常差，潜艇未能发现 ONS-5 号船队。

黄昏时，"燕八哥"潜艇群按规定向柏林报告当日战况。这一举动，被英军驱逐舰上的高频无线电测向仪截获。英军护卫舰艇采取先敌攻击的"威吓战术"，分头冲向测定位置。德军潜艇个个急忙潜入水下，再也不敢轻易露面，并停止了向柏林报告海上情况。失去了总部指挥的德军潜艇群，只好化整为零，各自为战。

　　4月29日黎明，一直盯着ONS-5号运输队不放的U-650号潜艇充当现场指挥，引导U-258号艇击沉1艘运输船。没等他们高兴起来，1架从冰岛起飞的英国"卡塔利纳"式飞机便飞临U-258号潜艇上空，并猛然降下高度，在15米的高度投下4颗深水炸弹。U-258号潜艇艇艏中弹，不得不退出战斗。

　　4月30日，ONS-5号护航运输队进入格陵兰的伊维塔持基地的近程航空兵的掩护范围。护航运输队散布在30平方海里的海面上，巡逻飞机像守护神似的在上空飞翔，昼夜不停，德军潜艇不敢轻举妄动。第一轮交战，德军潜艇2艘潜艇受伤，盟国船队损失1艘商船。

　　邓尼茨不甘失败，将"啄木鸟"和"山鸟"2个潜艇群合二为一，把这个由30艘潜艇组成的"狼群"在运输队可能行驶的航线上部署成一条新月形巡逻线。这样一来，德军的30艘潜艇覆盖了ONS-5号船队的每一条可能的航线。"画眉鸟"的潜艇数量增至21艘，分4个分群。其中，2个分群横跨该运输队的航向，另2个分群沿南北方向占领阵位，这样既便于攻击运输队，也便于截击其他航行偏南的运输队。邓尼茨给每艘潜艇下了死命令："不要过高估计敌人，一定要将其捏死在告别角至弗勒密文沙滩之间！"

　　5月4日夜，ONS-5号护航运输队在微波起伏的海面上缓缓行驶。在北极光的衬托下，运输船队的轮廓清晰可见。也许是由于 5 月 2 日下午由圣约翰斯出发的第三护航支援舰队来会合的缘故，ONS-5 号运输队此时显得异常沉着镇定。它们排成横宽纵短、多路纵队的队形，船与船之间相距 550~920 米，警戒舰配置在距运输船约 3700 米的地方。这种队形使警戒舰游刃有余，既能保障及时发现敌方潜艇，占领有利射击阵位，又便于及时击退其攻击。

这个时候，凶残的"狼群"已经把护航运输队团团围住。它们三五成群、2 艘一组蜂拥而上。护航队指挥官台伍德海军少校大吃一惊，他从来没见过这么多潜艇。此时，尽管护航舰队显然处于劣势，但是他们无所畏惧，所有护卫舰艇直扑潜艇，直到把潜艇赶得远远的为止。支援舰队的驱逐舰穷追不舍。"平克号"驱潜快艇发现 U-192 号潜艇后，连续追击 3 小时 40 分钟，用"刺猬"式深水炸弹进行了 7 次攻击，终于成功地将其击沉。

加拿大皇家空军驻甘德第五中队的"坎索"式水上飞机闻讯及时赶到，为运输队提供空中保护。U-630 号潜艇刚一露头，就被 1 架飞机炸沉。

在激烈的混战中，德军潜艇频频发射鱼雷，但是收效不大，仅击沉 7 艘运输船。德军损失 2 艘潜艇，被击伤数艘，双方打了个平手。邓尼茨暗暗思忖，运输队离纽芬兰越近，得到的空中掩护就越强，必须赶在 5 月 6 日之前聚歼该运输队。于是，他电令潜艇群在 5 日至 6 日间进行最后的决战，要求潜艇宁可在水面与敌方飞机作战也不要下潜，以确保对商船的有效攻击。

5 月 6 日清晨，15 艘潜艇准备完毕。此时，海上大雾弥漫，能见度约100 米，潜艇变成了"近视眼"，清晰可见的商船轮廓消失了。这样的天气，正是护航舰上的厘米波雷达大显身手的时候，德军潜艇的位置一清二楚地呈现在雷达荧光屏上。

潜艇看不见护航舰，护航舰却清楚地知道潜艇的位置。每当潜艇好不容易进入攻击阵位，却发现早已被护航舰"挡驾"，自然是被动挨打了。U-267号潜艇凭高速度才避开"珍珠莱号"驱潜快艇的炮火袭击。U-638号艇潜入水中，仍然没有逃脱被深水炸弹摧毁的命运。U-125号潜艇正在搜索目标，冷不丁被大雾中冲出的"奥里比号"驱逐舰撞了个满怀，指挥塔后面的部位几乎散了架。接着，"雪花号"驱潜快艇冲上来一阵炮火，将U-125号送入海底。

　　战斗进行在紧要关头时，第一支援舰队的5艘舰只开到。冲在前面的"塘鹅号"海岸炮舰的雷达捕捉到德军的U-438号潜艇，于是劈头盖脸一阵炮火便将它击沉。德军潜艇连连损兵折将，一向靠隐蔽突然性占便宜的潜艇，如今全部暴露在盟军护航舰的荧光屏上，处处被动，处处挨打。

　　邓尼茨接到各潜艇艇长的告急电，预感到情况不妙，若中午雾散后，盟军的反潜机临空，后果更是不堪设想。他不得不下令停止这次作战。6艘潜艇已无回音，4艘严重损伤。ONS-5护航运输队以损失13艘商船的代价，挫败了邓尼茨封锁大西洋北航线的企图。

　　德军潜艇司令部当天的战场日记记载："夜幕降临前约2小时突降大雾，而且越来越浓，使得今晚的大好战机化为泡影，几乎所有潜艇与敌人失去了接触。凌晨4点最后一次看到护航运输队。如果这场大雾推迟6小时降临的话，肯定能击沉很多商船。然而，大雾夺走了良机，潜艇再无获胜的希望。在大雾弥漫的情况下，15艘潜艇遭到了深水炸弹的攻击，其中6艘遭到驱逐舰火炮的突然袭击。毫无疑问，潜艇已陷入失利、无望的境地。"

　　邓尼茨不得不承认此时"狼群"作战失败，他在同一天的日记中写道：

敌人的飞机和水面舰艇雷达不仅极大地阻碍了单个潜艇的作战，还使敌人有机会发现潜艇的待机位置而设法加以规避。隐蔽性是潜艇最大的优点，而现在，这一优势正在丧失。

敌人空军基本上能对整个北大西洋海域的运输队提供空中掩护。可以断定，敌人无意中留下的"黑洞"，将很快会利用岸基飞机或舰载飞机加以弥补。

当敌人以大量飞机在运输队周围广大地区实施护航作战时，潜艇总是绝望地落在运输队的后面，很难取得预期的战果，尤其是敌方海空护航协同动作时更是如此。

敌人用新的定位方法和威力更大的深水炸弹，对下潜的潜艇实施的作战与攻击变得更加猛烈。敌人拥有的护航舰只越来越多，结果使潜艇作战愈加困难。


邓尼茨已经认识到德军潜艇所面临的困境，只是他不愿意承认这一点。一方面，是因为虽然他损失了7艘潜艇，但是根据艇长们的报告，他们还击沉了17艘商船。当然，这位总司令并不知道这是一个夸大的战果。在他的记载中，他仍然把5月初的作战称为"ONS-5号运输队的灾难"。另一方面，当时德国宣传机构所营造的气氛使他根本不能面对这样的现实，承认这一现实等于承认唾手可得的胜利已经从他的身边溜走了，这对他来说将是一个严酷的现实。因此，他的结论是："一次这样的失败当然不足以成为改变政策的理由，战斗尽管将更加艰苦激烈，但仍有获胜的希望。"

5月15日至30日，德军的4个潜艇群继续作战。这次激战不但没有取得任何战果，反而损失了 5 艘潜艇。战局正发生本质性的改变。SC-130 号护航运输队虽然在北大西洋受到了潜艇的威胁，但次数越来越少。邓尼茨面临着重大考验，考虑到盟军警戒技术的进步、护卫舰队战斗力的不断增强等因素，他认为应该把潜艇从战场上撤回。

5 月 24 日，德国海军总司令兼潜艇司令邓尼茨下令潜艇从船队航线上全部撤退。这一天是称雄于世、在"大西洋之战"中留下赫赫功绩的德军潜艇部队在盟军面前首次低头的一天。

# ◎ 决不放松潜艇战

5 月 31 日，邓尼茨飞往柏林，向希特勒报告大西洋海战局势。邓尼茨等着希特勒最严厉的训斥，他早就听说过，当作战发生失利的时候，即便再高级的指挥官也会受到严厉的惩处。在苏联战场，德国陆军在莫斯科第一次遭到挫折时，中央集团军群总司令博克元帅、陆军总司令布劳希奇元帅都受到了严厉的处分，布劳希奇甚至被撤职。

进入会议室，邓尼茨看到希特勒手拿放大镜俯身办公桌上，专心致志地看地图。听到脚步声，他抬起头来。出乎邓尼茨的意料，希特勒没有设想中的那样暴跳如雷，只是沉着脸一言不发地听邓尼茨汇报情况。

邓尼茨说："当前潜艇战危机的根源在于敌人的飞机数量迅猛增加。在冰岛至法罗群岛海峡，一天出动的飞机相当于数周前一周所出动的数量。此外，由于北大西洋的护航队使用了航空母舰，以致北大西洋的所有海峡均受到敌人飞机的监视。如果仅仅是增加飞机的数量还不足以对潜艇造成致命威胁，关键是飞机使用了一种新型雷达装置。这种雷达能够在浓雾密云中，在阴天或夜里测出潜艇方位，然后出其不意发起攻击。如果飞机上没有这种雷达装置，敌人是不可能在茫茫大海和漆黑夜晚测明潜艇方位的。"

希特勒研究地图

希特勒静静地听着。邓尼茨小心翼翼地看了一眼，继续说："我们现在是在武器装备方面遭到了失败，对此必须有个对策。潜艇战到底能发挥多大作用、取得多大战果，现在还无法估计。敌人在海上和空中的防御力量还将继续增加，至于增加多少，对我们来说是个未知数，难以确定。1940年，1艘潜艇每个航海日击沉敌船的吨位约为1000吨，1942年年底则就只有200吨了。从中可以看出，敌人增加了防御力量，我们潜艇的作用减小了。尽管如此，我仍然认为，即使潜艇战不能获得较大战果，也必须继续下去，因为潜艇战所牵制的敌方兵力是非常可观的……"

"决不允许放松潜艇战！"希特勒突然打断邓尼茨的话，以不容置疑的口气说，"当前，我们的陆军不得不在各条战线上进行艰巨的防御战，敌人对我们本土的空袭有增无减。大西洋是我们重要的前沿阵地，即使我们必须在那里进行防守，也比在欧洲海岸进行自卫要好。即使潜艇战不能取得重大战果，但它所牵制的力量却是不可估量的。因此，我们不能让敌人把这些力量抽调到其他方面。"

邓尼茨听希特勒这么一说，立马明白，从现在开始，潜艇战不再是单纯的破交战和吨位战，而是与整个战略形势紧密相连，与国家的命运休戚相关，战斗到最后一艘潜艇、一个人也要战斗下去，因为潜艇战能消耗盟军巨大的战争资源，牵制住盟军数倍于德国的力量。

邓尼茨从柏林一回到洛里昂的潜艇指挥部，便召开紧急作战会议。这次会议跟以往不同，参加会议的是比斯开湾沿岸一线潜艇部队的主官。他们有西线潜艇部队指挥官勒辛海军上校、第九潜艇支队司令勒曼·维伦布罗克海军少校、第十潜艇支队司令库恩克海军少校、第七潜艇支队司令佐勒尔海军少校、第六潜艇支队司令舒尔茨海军少校和第三潜艇支队司令察普海军少校。议题只有一个：如何继续坚持潜艇战？

邓尼茨在会上发表了长篇讲话：

目前，战场的失利及严重的损失让我们遇到了一个开战以来最难决断的问题：是从所有海域撤出潜艇，停止潜艇战，还是对当下的糟糕战况置之不理，继续我们的潜艇战？

有一个问题，值得在座的每一位认真考虑，当前，我们的军队在所有战线上均处于守势，在陆军艰苦防御的情况下，在敌人对我国国土的轰炸日益加剧的情况下，停止潜艇战对整个战争形势会产生什么样的后果？

我们的潜艇战曾迫使那些海军强国以护航运输队的方式进行海上运输。按照他们的说法，这样比单独航行的商船运输吨位要减少三分之一以上。成群结队的商船到港后引起装卸方面的麻烦，无形之中产生了浪费。为了反潜，敌人只得在所有的海域出动数以百计的舰只和数百架飞机。这些舰艇和飞机需要庞大的船厂、仓库、基地和机场，包括大量地勤人员、工人及数不清的物资。

大家想想看，假如我们停止潜艇战，那么敌人这样巨大的兵力将会用于何方呢？如此，之前用于反潜的数百架轰炸机就没有必要在大西洋海域上空飞行以防御潜艇的攻击，转而可以载着那些炸弹去轰炸我们的城市，这样势必会给我们的平民造成损失和伤亡。假如我们停止潜艇战，敌人将用这数百艘舰艇切断我们在北海和通往挪威的沿海交通线，那么我们在挪威的军队将失去补给而无法生存。

请问诸位，难道我们能容忍上述的情况发生吗？难道我们可以对此置若罔闻吗？难道我们好意思对妇女和孩子说，你们必须忍受这一切，作为军人我们不愿意再承担牵制这支轰炸力量的必要义务了？

现在，我想请问诸位，你们打算做出什么样的回答？

面对邓尼茨一连串的反问，会场一片沉寂。

德军潜艇部队司令部当天的作战日记中这样写道："为了积极防备潜艇，

敌人消耗在海军部队和空军部队的人力、物力和资源越来越大。取消吨位战的威胁肯定会使敌人把难以估量的战争资源投入其他地方……即使潜艇战不能完全克服当前的困难，不能取得以往那样的辉煌的战绩，也仍然必须全力以赴进行下去。因为潜艇战能使敌人消耗比我们多出几倍的战争力量或牵制住敌人数倍于我们的力量……"

与此同时，英国岸防航空兵司令部也召开了作战会议。会议中心议题是研究下一步的作战任务。岸防航空兵司令斯莱塞中将主持会议，参加会议的有各航空兵部队的长官。斯莱塞首先发言："一夜之间，德军潜艇突然在大西洋上消失了。这对护航运输队来说是一件再好不过的事情了，但是对昼夜在海上巡逻的航空兵部队来说却是一个大问题，我们找不到目标了。为此，今天专门召集大家，研究对策。"

轰炸机部队长官们迫不及待地请求轰炸德国本土，他们觉得把炸弹直接扔到德国人头上，那才叫过瘾。但是，这种意见遭到了轰炸机第十九大队司令部罗米特空军少将的坚决反对："这真是一种愚不可及的短见。刚刚取得一点胜利，就认为德国人该举手投降了。别忘了邓尼茨手里还有400艘潜艇！只要他的这点本钱还在，我们就别想过上舒坦日子。德军潜艇不存在了？简直是笑话！我们必须去找。到哪里去找？哪里潜艇基地最多就到哪里找。邓尼茨不是说过'乌鸦抓不住鼹鼠，飞机也消灭不了潜艇'吗？我们就要让他看一看，乌鸦是怎样抓住鼹鼠的！"

会议结束后，斯莱塞在给同盟国参谋长联席会议的备忘录中写道："比斯开湾是大西洋上德军潜艇威胁的主干，它的根部扎在比斯开湾的港口中，它的枝干又长又广，伸向大西洋的护航运输队，伸向加勒比海，伸向北美洲的东海岸……"

　　比斯开湾是一个狭长的海域，它的东面和东北面是法国海岸，南面是西班牙海岸。海湾不宽，由东到西约 300 海里，直通大西洋，是德国四分之三的潜艇往返作战的必经之路，也就是约翰·斯莱塞所说的"德军潜艇威胁的主干"。

# 第七章

# "解放者"频频得手　悍"农夫"难阻败局

邓尼茨放下话筒，快步走进作战室，向值班参谋口授给潜艇部队的作战命令："凡敌用于登陆的每一艘船只，哪怕只载有一辆坦克和少数士兵，均应视为重要打击目标，不顾一切危险加以攻击……"

# ◎ 比斯开湾大屠杀

1943 年 5 月末，德国海军总司令邓尼茨决定以中大西洋向西航行的同盟国船只为主要攻击目标，将潜艇部署在亚速尔群岛附近海域。此时，美国正忙着向地中海运输大量的部队和补给，而在百慕大和北非沿岸约 4828 公里没有多少机场，邓尼茨希望出现新的大西洋空白区。

6 月初，17 艘德军潜艇追击向西航行的 1 支美国护航运输队。这支护航运输队拥有"博格号"护航航空母舰。

6 月 4 日，"博格号"航空母舰上的"复仇者"式飞机向德军潜艇群中的 3 艘潜艇发动攻击，结果没有成功。

6 月 5 日，美军 2 架"复仇者"式飞机发现德军的 U-217 号潜艇。1 架"野猫"式飞机攻击 U-217 号潜艇，U-217 号潜艇被迫下潜。"复仇者"式飞机趁机向潜艇投下 4 颗深水炸弹，U-217 号潜艇被炸沉。"博格号"航空母舰及其 4 艘护航驱逐舰完成护航任务后，继续搜寻德军的潜艇群。

6月8日下午，1架"复仇者"式飞机攻击了1艘潜艇，该潜艇装备了四联（门）装高射机关炮。密集的防空炮弹使第一架飞机被迫丢掉深水炸弹，飞回"博格号"航空母舰。第二架飞机赶到，被潜艇击中，只好返回"博格号"。德军潜艇用高射机关炮与飞机交战。几架"野猫"式飞机一起发动攻击。一架"野猫"式突破火力网，打伤了11名炮手，击毁2门高射机关炮。就在潜艇下潜时，1架飞机投下深水炸弹。潜艇受到损伤，不过还是逃脱了。

6月9日，"博格号"航空母舰的7架飞机击沉了1艘德军潜艇油船。

6月12日，5艘德军潜艇在西班牙的奥尔特加尔角以北约90海里处夜间潜航，盟军1架巡逻机发现了它们，可惜增援飞机直到天黑也没有赶来。次日傍晚，盟军1架"桑德兰"式飞机在西班牙的菲尼斯特雷角以西约217海里处，再次发现了这5艘潜艇。这架飞机不顾敌方猛烈的防空炮火，用深水炸弹击中了U-185号德军潜艇，但是飞机也遭到致命打击，连同机组人员一起坠入海底。受重创的U-185号在U-564号潜艇的护航下，返回布勒斯特港。

6月14日刚过中午，英军1架"威特雷"式飞机发现了U-185号和U-564号潜艇。英军飞机用深水炸弹击沉了U-564号，但飞机也受到重创，被迫返航，半路上被德军战斗机击落。

这一天，波兰的4架"蚊"式战斗机在菲尼斯特雷角附近发现5艘德军潜艇。4架飞机用机关炮扫射潜艇群。混战中，1架"蚊"式飞机受到重创，2艘潜艇受到重创后返回基地，其他3艘潜艇逃离比斯开湾。

6月17日，邓尼茨命令潜艇白天成群地浮出水面，停留的时间约4小时，这是充电所需的最短时间。邓尼茨找到了通过比斯开湾的方法，使盟国的岸防航空兵很难发现德军潜艇。邓尼茨决定用携带特种武器和装备的潜艇作为诱饵，诱击盟国飞机。U-441号潜艇装了2座装甲炮台，在2座炮台上装了8门20毫米口径机关炮和一门单管37毫米口径半自动炮，防空火力强大。早在5月底，U-441号潜艇在比斯开湾西部进行了一天的水面航行后，诱来了1架英军飞机。在战斗时，4门机关炮的炮座生锈了，无法转动。剩下的4门炮重创了进攻的飞机，飞机在逃脱前投掷了深水炸弹。返航途中，英军飞机被德军战斗机击落。U-441号潜艇的舵机损坏了，最终艰难地逃回布列斯特。U-441号潜艇回到布列斯特后，很多德军潜艇部队的官兵要求用这艘潜艇执行诱击任务。邓尼茨不得不承认，潜艇不是打飞机的武器。

7月2日，英军第四二二航空中队1架"解放者"式飞机击伤了1艘德国潜水油船，迫使其返回波尔多。

7月8日，1架"解放者"式飞机平稳飞行着，眼看要到达巡逻线的尽头，目标仍然没有出现。驾驶这架飞机的是英军功勋飞行员布洛克空军少校。"解放者号"正打算返航，就在这时，左炮手G·坎贝尔空军中尉在他一侧的海面上发现了1艘正在向南驶去的潜艇。布洛克以一个漂亮的转弯驾驶"解放者号"进入潜艇的正横攻击位置。

水面上的潜艇是奥夫尔曼指挥的U-514号，由于一点技术故障，它和一同出航的潜艇群失去了联系。潜艇的柴油机发出突突的声响，正在为舱下的电池充电。也许是柴油机的噪音太大，艇员们没有听见正在临近的"解放者号"的声音。布洛克仅用了几秒钟就驾驶着飞机进入攻击阵位，透过驾驶舱前的挡风玻璃，他清楚地看到下面的潜艇不慌不忙地向南行驶，一点也没有下潜的意思。此时，布洛克屁股下面的武器库快要冲到U-514号头上了。

布洛克射出第一对火箭弹后，U-514号潜艇仍然浮在水面。

1分钟后，"解放者号"从549米的距离上又发射了第二对火箭弹，紧接着，又在457米的距离上进行了最后一次齐射，发射了剩下的4发火箭弹。发射完后，布洛克拉起操纵杆，俯冲中的飞机直刺长空。这个时候，U-514号潜艇的炮手才看见一枚火箭弹从水中钻出来。可以断定，这个火箭弹已经穿透了艇体的水线下部。潜艇竖起来，沉入海中。布洛克意犹未尽，转回来对着下潜旋涡又投下了8枚深水炸弹。最后，当深水炸弹爆炸后，他又投下了最后一个武器——鱼雷。火箭弹、深水炸弹和鱼雷，到底是哪种武器击沉了U-514号潜艇，恐怕只有上天知道了。

德军潜艇部队司令部在当天的作战日记中写道："对潜艇艇员来说，进行一场以牵制敌人为主的战斗是特别困难的。全体艇员为获取胜利而做出的个人贡献比迄今任何其他兵种都大……如今，成功的希望越来越小。最近几个月来，参战潜艇每月只有70%平安返回。"

7月18日傍晚，1架美军"K-34号"飞艇在佛罗里达州南端的海域与1艘德军潜艇遭遇。这种软式飞艇比空气轻，一般长76.5米，有两个425匹马力的发动机，航速46节，装有雷达、磁力探测仪和声呐浮标和4颗攻击潜艇用的深水炸弹。大多数海军军官认为不用飞艇反而更安全，因为飞艇比最能冒烟的货船还容易被德军潜艇发现。"K-34号"飞艇想炸沉水面上航行的1艘德军潜艇。"K-34号"还没有接近潜艇，潜艇的炮手们就看见它了。防空炮穿透飞艇的气囊后飞了出去，氢气逐渐泄漏。"K-34号"飞到潜艇的正上方，然而投掷装置坏了，深水炸弹没有脱离飞艇。结果，"K-34号"坠落后被深水炸弹炸沉。德军潜艇趁机逃离，艇长不断向邓尼茨吹嘘战功，但没想到半路上被 1 架英国飞机给炸沉了。其实，在二战中盟军的飞艇掩护过 8.9 万艘盟国的商船，整个大战期间只损失 "K-34 号" 1 艘飞艇。

7 月 24 日，1 架英军 "威灵顿" 式飞机在巡逻时，攻击了 U-459 号德军潜水油船。在对射中，飞机受到重创，撞在潜艇的右舷。艇员把飞机的残骸推下水后，发现甲板上有两颗深水炸弹。潜艇加速到最大，水兵把深水炸弹从后甲板推进水中。这个办法，对普通的深水炸弹有效，但它们是英国空军生产的近水的深水炸弹。第一枚近水的深水炸弹根据定深爆炸了，爆炸深度为 7.6 米，正好在艇艉正下方。被炸的潜艇在水上震动时，1 架英国飞机扑来，此时潜艇的武器无法使用，也无法下潜。艇长打开海底门与 U-459 号一同沉入海底。

到 7 月底，英军第十九轰炸机大队司令布罗米特少将发现，他的大队取得了惊人的战果：共击沉 11 艘潜艇，这个数字占盟军全月战果的三分之一。布罗米特在他的月度报告中写道："这简直不是在作战，而是在屠杀。" 从此，在盟军的海战记录中，这一段历史就以 "比斯开湾大屠杀" 著称于世。

7 月 30 日，1 架英国 "解放者" 式飞机在比斯开湾上空盘旋，水面上有 3 艘德军潜艇：U-461 号、U-504 号和 U-462 号潜水油船。飞机与潜艇保持着适当的距离，潜艇上的炮火够不到飞机，但潜艇也不敢轻易下潜，因为当他们的炮手进入舱内准备下潜的时候，飞机有足够的时间击毁正在下潜的潜艇。

该架飞机上的驾驶员是欧文空军中尉，他的报务员此刻正在忙着向设在普利茅斯的第十九轰炸机司令部报告详细的情况。6 架飞机很快赶到了现场，它们是 1 架 "解放者" 式、2 架 "哈利法克斯" 式、2 架 "桑德兰" 式和 1 架 "卡塔林纳" 式飞机。

第一个发动攻击的是第五〇二中队的詹森空军中尉，他驾驶的是 1 架"哈利法克斯"，机上带有 6 枚 600 磅的新式反潜深水炸弹，和一般的深水炸弹相比，这种炸弹威力更大，更富于流线型，适于高空使用。尽管投弹高度达到了 488 米，但德军潜艇的炮手还是击中了飞机，詹森感到飞机一震，知道飞机受了伤，急忙向基地飞去。

　　紧接着，亨索空军中尉驾驶的另 1 架"哈利法克斯"展开攻击，在接受了詹森的教训之后，亨索把投弹高度提高到 914 米，尽管这样的高度对于攻击潜艇这样的目标来说是有点太高了，但由于几乎不受炮弹的干扰，亨索还是把炸弹投中了目标。被命中的是 U-462 潜水油船，一枚 600 磅的深水炸弹使它受了重伤，瘫在水面上成了活靶子。

　　这个时候，主攻的飞机到来了。欧文的"解放者"领先，随后是 1 架美国陆军航空兵第十九中队的同型飞机，最后是澳大利亚皇家空军 D. 马罗中尉的"桑德兰"。"解放者"飞机的速度快，把"桑德兰"甩到了后面。

　　德国人的炮火准确而猛烈，冒着炮火进行攻击的 2 架"解放者"同时受了伤。然而没等德国人为他们的战绩而欢呼，后面的"桑德兰"就从低空悄悄飞来。德国炮手的注意力还没有从"解放者"身上转过来，"桑德兰"已经飞到了眼前，当他们的炮口刚刚转向"桑德兰"的时候，马罗的机关炮首先响了，无情的炮弹打在毫无遮掩的潜艇甲板上，潜艇上的炮手被扫倒了一片，趁着潜艇上混乱之机，马罗投下了 7 枚深水炸弹。U-461 被炸成两段，瞬间沉没。

　　看到两个伙伴的不幸下场，U-504 号潜艇上的路易海军上尉决定利用盟军飞机攻击 U-461 号的机会紧急下潜。在一旁观战的那架"卡塔林纳"式水上飞机发现了这一举动，它用无线电召来了附近巡逻的英国皇家海军的舰艇部队。一位当时的目击者写道：在"凯特"舰上的编队最高司令官发出了"全体追击"的信号。我们呈一路横队全速前进，海上的景色好看极了——平静的、湛蓝色的海洋和蔚蓝色的天空。舰员和军官都在各自的战斗岗位上准备就绪。我们很快看到飞机在2艘潜艇上空盘旋和投掷深水炸弹。只见"桑德兰"式飞机把2个深水炸弹投到1艘潜艇的指挥室两侧。潜艇的龙骨被炸断，很快就沉没了，水面上只剩下几名幸存者和一个救生筏。这时，所有的军舰同时用4英寸火炮向第二艘德军潜艇射击。

目击者所说的第二艘潜艇便是U-462潜水油船，它在大炮的轰击声中稍微挣扎了一会儿就沉没了，只剩下一艘U-504号潜艇，军舰用声呐测定了它的位置，一串深水炸弹将它送入海底。军舰救起了大约70名幸存者。

## ◎ 决一死战

8 月 2 日，德国海军总司令兼潜艇司令邓尼茨下令在比斯开湾外的潜艇群分散，在夜里浮出水面充电，还指示 4 艘大西洋返回的潜艇顺着西班牙海岸航行。邓尼茨发动的进攻不管是在北大西洋、中大西洋还是南大西洋，盟军都用绝对优势的兵力进行猎潜战，潜艇群根本无法切断盟国的交通线。不过，德军潜艇对盟军飞机的攻击采取对抗的措施造成了严重的后果。在 97 天的交战中，德军潜艇每击落 1 架飞机就会付出 2 艘潜艇。1 艘潜艇的价值相当于 3 架飞机，潜艇上的艇员更是飞机的 5 倍。

8 月 3 日，邓尼茨命令潜艇停止使用梅托克斯接收机。德国人对电磁波辐射产生了大恐慌。"纳克索斯 –U"的改进计划取消了，德国电子工业开始大量生产不辐射电磁波的厘米波雷达预警接收机。邓尼茨向艇长们保证，哈格努克公司制造的新式预警接收机没有辐射的电磁波即将装备潜艇部队。希特勒说这一发现已经向前迈进了一大步。因为自从停止使用梅托克斯以来的

16 天中，在比斯开湾没有损失 1 艘潜艇。其实，这是因为德军潜艇通过比斯开湾的数量减少了，同时潜艇采取了只在夜晚上浮和沿着雷达难以发现的西班牙海岸航行的结果。

8 月 11 日，在非洲西海岸附近，1 架英国"解放者"式飞机发现 1 艘德军潜艇。飞行员穿过密集的火力网进行了 2 次轰炸，德军潜艇的防空炮火击中英军飞机并起火。在第一次轰炸中，德军潜艇的氯气泄漏，被迫在原地打转。飞行员继续第二次轰炸，在潜艇的正上方连续投下 4 枚深水炸弹，潜艇的耐压艇壳被炸开。飞机因受伤而坠落，飞行员和机组人员全部遇难。德军潜艇也沉入海底，24 名艇员爬上英军"解放者"式飞机投下的橡皮筏。后来，德军艇员被盟军的轻型护卫舰救起。

8 月 25 日，德军使用制导炸弹发动了第一次空袭，英军的炮舰"兰德加德号"受到重创。德国海军在轰炸机上装备了无线电制导炸弹，使用这种炸弹，飞机能在防空炮火外的高空中向水面舰队发起攻击。

8 月 28 日，18 架德军轰炸机空袭了盟军大西洋第一支援舰队。第一支援舰队的舰炮马上开火，但是距离飞机太高。从舰艇上可以发现飞机发射了很多东西，正向舰艇滑翔过来，有的制导炸弹被击落。英军驱逐舰"阿撒巴斯肯人号"受到重创，"白鹭号"在巨大的爆炸声中沉没。在德军轰炸机的几次空袭后，英国各支援舰队不断后退，而英国岸防航空兵继续攻击德军潜艇。

美国海军在亚速尔群岛重创了德国的供应潜艇，于是邓尼茨急忙调回中、南大西洋及加勒比海和巴西沿岸的潜艇。在这些海区，盟军反潜部队的连续空中警戒和雷达搜索威胁着德军潜艇的生存，艇长们都怕遭受盟军飞机的攻击。德军潜艇在巴西海域击沉了 18 艘船只，却有 8 艘潜艇被炸沉；加勒比海的 10 艘德军潜艇，击沉了 1.6 万吨商船，却有 5 艘潜艇被炸沉。

8 月末，邓尼茨命令潜艇部队返回基地。另外，分散的单个潜艇在巴西和西印度群岛以及非洲西海岸和东南海岸继续攻击单独航行的商船。在 7 月的前几天里，德军潜艇在以上水域击沉了 21 艘商船，自己却没有损失。7 月 9 日至 8 月底，以上水域岸基的飞机击沉了 14 艘潜艇，这些潜艇刚一出现就能被制导鱼雷击沉。

9 月 4 日，1 艘德军潜艇在夜晚受到 1 架飞机的攻击，但装有不辐射电磁波的 W·安茨接收机却没有发出警报。邓尼茨怀疑飞机可能使用了厘米波雷达。

9 月 7 日，德军 U-669 号潜艇在西班牙海岸附近遭到夜间攻击。此时，27 艘德军潜艇已经闯过比斯开湾，进入大西洋。

9 月 16 日晚，"德拉顿"潜艇群到达中大西洋，20 艘潜艇排成南北巡逻线。

9 月 18 日下午，1 个慢速护航运输队驶近德军潜艇的巡逻线。运输队中有 1 艘"麦卡尔平帝国号"护航航空母舰。德军潜艇马上发动攻击，双方都没有什么损失。

9 月 19 日，加拿大的 1 架"解放者"式飞机击沉了 U-341 号德军潜艇。

9 月 20 日清晨，英国 ONS-18 号慢速护航编队正行驶在大西洋航线上，这是一支由 27 艘商船组成的小型护航运输队。在它后面不到 100 海里，是另一支由 42 艘大型商船组成的大型快速护航运站队，编号为 ON-202。这种编队的配置方式是盟军海运指挥部采用的一种新战术。

德军潜艇一直等到夜幕降临才动手。当夜，德军潜艇对船队先后展开了

3次攻击。大规模的战斗发生在船队后部，而且都发生在潜艇与护航舰队之间。晚上8时左右，1艘驱逐舰被德军潜艇的鱼雷炸裂后沉没。午夜10时30分，驱逐舰"波利安萨斯号"又被击沉。

9月21日，浓雾弥漫，德军潜艇悄悄浮出水面，进入船队前方，准备展开攻击。浓雾时而将潜艇隐藏起来，时而将其裸露在光天化日之下。下午雾散后，潜艇被英军的警戒飞机盯上，好在潜艇使用了对空射击武器，致使飞机无法对其进行精确打击。

夜幕降临后，潜艇抓住时机再度展开攻击。不过，由于护卫舰艇的严加防护，潜艇无法接近船队，U-229号潜艇反而被击沉。同时，英军驱逐舰"伊杰茵号"被德军潜艇的鱼雷击中，沉入海底。

从21日到22日的2天时间里，德军潜艇击沉了6艘商船和3艘护航军舰，同时3艘德军潜艇被击沉。

9月23日，邓尼茨刚向"狼群"下达撤出战斗的命令，便立即在潜艇指挥部召集全体指挥军官开会。尽管连续3天的作战使邓尼茨显得有些疲惫，但疲惫的面容丝毫掩盖不住满脸的喜色。根据艇长们的报告，潜艇群共击沉了9艘商船和12艘护航军舰。如果在半年前，这样的战果只能算是说得过去，但今天的情况完全不同。在经历了5月的惨败之后，这一战果已是3个月以来最辉煌的战绩了。尤为重要的是，这一战果完全肯定了8月初以来所采取的各项措施是正确的。

由于战果报告的误差，潜艇长们将击沉的数目夸大了。邓尼茨从这些击沉数中感受到一种信心，看到一线希望，精神顿时振奋了起来，完全信任了音响鱼雷。他信心百倍地宣布："潜艇部队将重新开始正常的作战活动，在即将到来的 10 月中，我们一定要再接再厉，把 5 月以来的失利完全弥补回来。"

然而，上天给邓尼茨高兴的时间太短了。

10 月 8 日，德军潜艇群与 5S-143 号船队相遇。这是由 39 艘商船组成的船队，9 艘护卫舰为其护航。潜艇对船队展开了攻击，1 艘驱逐舰被击沉。当警戒飞机在黄昏时分飞来时，一举击沉了 3 艘德军潜艇。

10 月 15 日夜，德军潜艇群与 ON-206 船队遭遇。由于护航舰艇的行动异常严密，潜艇只能保持潜航状态。

10 月 16 日，在德军潜艇展开攻击前，英军的"利贝列达"式警戒飞机用雷达捕捉到了 2 艘潜艇，并逼其逃窜。

10 月 17 日夜，又有 2 艘德军潜艇被"利贝列达"式飞机击沉。当 ONS-20 船队通过时，德军潜艇击沉了其中的 1 艘商船，但也损失了 2 艘潜艇。

邓尼茨坚持作战到底。于是，潜艇与护航舰队之间的冲突便越来越激烈了。在这场战斗中，英国海军高速驱逐舰舰长威卡上校发挥了其独特的才能，巧妙地指挥军舰对潜艇进行攻击。他使用的战术是：2 艘军舰共同行动。也就是说，由队列第二艘军舰利用潜水探测器捕捉潜艇，而把第一艘军舰指引到目标的正面；这时，第二艘军舰再精密地计算展开攻击的第一艘军舰与潜艇的作战位置和速度，将使用深水炸弹集中攻击目标的时机，通报给第一艘军舰。这种战术增强了深水炸弹攻击目标的准确性。当驱逐舰单独作战时，则利用深水炸弹发射器，一次性把深水炸弹投出去。

由于舰艇对潜艇攻击战术的不断进步，1943 年 9 月至 10 月的两个月间德军潜艇部队至少有 25 艘潜艇被击沉，而仅仅损失了 9 艘商船。

10 月 27 日，德军"堪德尔"侦察机报告说，由 60 艘舰船组成的 1 支船队正朝北航行。

10 月 31 日黎明，南下的德军潜艇群发现了这个船队。交战伊始就非常激烈，U–306 号潜艇受到驱逐舰与高速护卫舰的联合攻击，很快沉没。潜艇部队接着又以 1 艘潜艇为代价击沉了 1 艘商船。德军潜艇司令部从盟军严密的航空警戒中分析判断，认为一定有从亚速群岛新基地飞出的飞机参加这次作战。于是，立刻下令潜艇停止攻击。

11 月 7 日，德军"堪德尔"侦察机又发现了向北航行的 1 支船队。德军潜艇保持接触之后，击沉了 1 艘商船，并给另外 1 艘以致命打击。

11 月 10 日，1 架英军的"威灵顿"式飞机在法国坠落，飞机被运往柏林。德国科学家指出盟军利用载有厘米波雷达的装置用于反潜。

11 月 16 日，德军"堪德尔"侦察机发现 1 支由 66 艘舰船组成的船队。邓尼茨立刻下令，潜艇进入警戒线。

11 月 18 日上午 11 点，双方开始交战。1 艘驱逐舰对 U–333 号潜艇实施攻击，使其带伤逃回基地。潜艇转为反攻，音响鱼雷命中了高速驱逐舰"强蒂克利亚号"，炸断了它的船艉，使其丧失了战斗力。

白天，英军让护航舰队的"哈德逊"式、"卡达利纳"式、B–17 式舰载飞机飞临警戒船队附近的海面。晚上，当德军潜艇的潜望镜伸出海面时，英军"威灵顿号"护卫舰上的探照灯马上照射过来。U–211 号潜艇遭到攻击沉入海底。

11 月 19 日，英军 9 艘舰艇前来增援。这时，护卫舰艇已达 19 艘，它们构筑起严密的双重警戒线，进一步加强了对船队的安全防护。

晚上，邓尼茨下达了决一死战的攻击命令。刚一开战，U-536号潜艇就受到护卫舰的伏击，在连续几次深水炸弹的攻击后，被迫浮出海面。顷刻间，护航舰队上的炮弹如倾盆大雨般直泻而下，U-536号潜艇挣扎着沉入大海。

11月20日，2架德军侦察机被击落坠入大海。U-618号潜艇击落1架英军的"姆达兰"式警戒机。激烈的战斗在夜幕掩护下继续进行。1艘驱逐舰用潜水探测器捕捉到U-538号德军潜艇，追踪了6个小时后，将其击沉。

在这次战斗中，德军潜艇部队先后共有31艘潜艇参加作战，却连1艘商船也没击沉，反而损失了3艘潜艇，受伤1艘。英军船队只有1艘高速驱逐舰受损，2架飞机被击落。

德军潜艇横行大西洋的时代已经过去，邓尼茨只好放弃大西洋的潜艇作战。从此，盟军船队可以在西半球的全海域自由航行。对德军潜艇部队而言，艰苦的一年已经过去，邓尼茨已经把焦虑的目光望向下一个战局。

1943年年底，德国海军总司令邓尼茨宣布成立海军科学研究部，仿照英国星期日例会的方式举行会议。屈普夫米勒教授上任后，用安装定向天线的办法提高了纳克索斯接收机的灵敏度，使潜艇遭受突然攻击的次数减少了很多。后来，屈普夫米勒研制了更先进的纳克索斯接收机。德军潜艇部队第一次在电子战中处于领先地位。

## ◎ 只留下邓尼茨一人

1944年1月，意大利局势急转直下，在德国战略决策者中引起了巨大的震动。希特勒紧急召集三军高级将领开会，分析形势，研究对策。参加会议的有20多人，都是德国国防军的首脑人物。会议由德军最高统帅部作战局局长约德尔主持。

意大利局势直接影响到希特勒的德意志第三帝国，会上很难提出一个有效的解决方案，结果会议成了一场无休止的相互指责。最高统帅部参谋长凯特尔元帅的发言犹为激烈，矛头直指海军和空军："这个至关重要的战场，变成了陆军的独角戏。代表正在艰苦奋斗的陆军官兵，我不能不在这里问上一句，我们的海军和空军在哪里？……对于帝国海军所执行的'吨位战'战略，我不想进行更多评价。这种总体上的消耗战略或许曾经是赢得战争的一种途径，但到了1943年5月，战争已经证明了这一战略的失败，为什么海军不能把它的力量转移到配合陆上作战的行动上来呢？"

空军总司令戈林站起来为空军开脱："在西西里岛作战的帝国空军是无可指责的，诸位不要忘记这样一个事实，一直指挥着意大利方向作战的凯塞林元帅就是一名空军指挥员。当然，凯塞林元帅也曾对我表示过，我们海上的配合行动显得相当薄弱。"

西西里岛战役

空军元帅凯塞林接过戈林的话头："在西西里岛战场，交战双方的后勤补给相当程度地依赖海上，而英国海军在这方面做得要比我们强得多。三个星期前，我们的一艘重要的油船在达达尼尔海峡附近被英军潜艇的鱼雷击中，结果使我的一个装甲师在整整一周内无法投入作战。"

希特勒一直不动声色地听着与会者连续不断的指责，凯塞林的发言终于使他控制不住了，于是劈头盖脸地说："当然，英国的潜艇是能做到这一点的，可是我们的潜艇在直布罗陀海峡却一无所获！"

邓尼茨本来不想说什么，因为毕竟海军尤其是潜艇部队屡屡受挫，但是希特勒直接批评了潜艇部队，他感到必须要有一个说法了，于是他语气强硬地说："我的元首，我们的潜艇必须与世界上最强大的海军作战。假如我们的潜艇也能像英国潜艇在达达尼尔前方海域那样如入无人之境的条件下作战，那么它们起码也会取得同样的战果。我派往直布罗陀海峡的都是一些优秀的艇长，他们比英国人要能干得多！"

邓尼茨措词激烈，使得整个会议厅鸦雀无声。希特勒面红耳赤十分尴尬，但是随即恢复了平静，并对向他报告情况的约德尔说："请说下去！"

邓尼茨随即离开了会议桌走到窗前。当讨论会结束的时候，邓尼茨走在后面，希特勒走到邓尼茨面前，用亲切的口吻问邓尼茨是否愿意与他共进早餐，邓尼茨表示愿意。希特勒把戈林、凯特尔和约德尔打发走后，只留下邓尼茨一人。

1月7日，加拿大一架"蚊"式鱼雷机在1艘德军潜艇快冲进洛里昂基地的时候，向潜艇发射了鱼雷，使潜艇失去下潜能力。不过，这艘潜艇仍然冲进了基地。在布勒斯特附近的坎佩尔，英国侦察机发现了1座德军的巨型天线阵，给它起名为康索尔，德国人管它叫宋纳。这种装置能在1609公里为在该地区活动的德军潜艇指示方位。盟国侦听部队描绘了宋纳天线辐射的方向图，并由一家英国印刷厂印出这种航空图。盟国飞行员利用宋纳确定自己的方位。后来，德国建造的第二座宋纳发射台，又被盟国飞机利用。

1月27日，德军侦察机发现2支船队，随即向潜艇指挥部发出了有关船队位置的电报。令德国人想不到的是，这一情报被英军破译了。

1月28日，从爱尔兰基地起飞的英国警戒机捕捉到德军潜艇群。在这场战斗中，德军损失了2艘潜艇。邓尼茨下令中止作战。盟军岂肯善罢甘休，死死盯着德军潜艇，并最终击沉1艘潜艇。在以后的数个星期内，因盟军的海空兵力严守着这一海域，德军潜艇束手无策。虽然有机会展开小规模攻击，但始终无法夺回主动权。相反，攻击次数越多，损失越惨重。

2月13日，邓尼茨为了避免损失只得把潜艇转移到遥远的西方。这时，潜艇部队司令部仍没有准确了解自己受损的实际情况。直到2月下旬，潜艇的损失数量才真实客观地反映出来。对此，邓尼茨大感失望，他认为，德军潜艇之所以屡遭惨败，是因为德国空军侦察机没有做到尽职尽责。

2月26日，邓尼茨直接要求希特勒增派侦察机及尽快建造XXI型潜艇。XXI型潜艇采用瓦尔达式船体，能够在水中高速航行。邓尼茨对它寄予很大的期望。

3月5日，U-744号潜艇上的官兵因受不了连续长达30小时的攻击作战，自动放弃了该潜艇。

3月10日，德国海军科学研究部举行会议，与会者认为盟军已经利用磁力探测仪测定潜艇，飞机上测位的距离能够达到200~400米。其实，盟军已使用磁力探测仪有1年多的时间了。

3月22日，邓尼茨下令所有潜艇离开大西洋。这其实是在暗示希特勒，如果新潜艇不尽快建造并服役，如果空军不提供大规模的支援，潜艇部队就再也不能继续作战了。

4月份，德军又损失了6艘潜艇。5月初，5艘潜艇参加作战，其中2艘被击沉。5月底，德军在美国沿岸只配备了2艘潜艇，非洲沿岸同样如此。

## ◎ 最大的"狼群"

对德军来说，潜艇担任的是攻击作战任务。德国海军必须击沉盟军的舰船，减少他们的补给力，才能获得成功。此时此刻，德军的潜艇再也没有攻击力了，这似乎预示着整个德国军队的命运也将如潜艇的命运一样走向不可逆转的失败。邓尼茨在日记中写道："敌方要限制我们活动的企图，已经成为事实……他们的海空反潜兵力明显增强。对于潜艇官兵来说，单独反击敌人，已经是一件非常困难的事了。"

5月29日，德军潜艇击沉"布诺克岛号"后，"瓜达尔卡纳尔号"航母猎潜队前来接替。

6月4日清晨，"瓜达尔卡纳尔号"航母猎潜队发现1艘德军潜艇。2分钟后，"查特林号"发动攻击。"瓜达尔卡纳尔号"航空母舰快速撤离，舰载机在上空护航。德军潜艇浮出潜望镜深度，发现了护航舰艇，紧急下潜，但被"查特林号"击中。12分钟后，德军潜艇在距离"查特林号"640米的海面上被迫浮出。"查特林号"发射1枚鱼雷，没有命中。舰载机连忙扑去，德军潜艇投降。

6月6日凌晨2时10分，德国海军总司令邓尼茨接到德军西线海军司令克朗克海军上将的电话。克朗克在电话中说："报告元帅，敌人即将展开大规模登陆作战。"

"时间？地点？"

"5时30分开始火力准备，登陆地点是诺曼底。"

邓尼茨放下话筒，快步走进作战室，向值班参谋口授给潜艇部队的作战命令："凡敌用于登陆的每一艘船只，哪怕只载有一辆坦克和少数士兵，均应视为重要打击目标，不顾一切危险加以攻击。尽力靠近敌人登陆编队，不必顾及浅水、水雷或任何其他危险。消灭敌登陆前的一人一器都能减少敌人最后成功的机会。凡予敌以损害即为恪尽职守，潜艇存亡在所不计！"

邓尼茨命令德军潜艇出动，以挽救德意志第三帝国的败局。对于潜艇部队的官兵们来说，邓尼茨的命令无疑是要他们做出牺牲。因为在狭窄而戒备森严的英吉利海峡作战，无异于步兵在开阔地发起冲锋。尽管如此，近百艘德军潜艇还是驶离基地，驶向死亡之地英吉利海峡，这可以说这是二战以来最大的"狼群"，它的名字叫"农夫"，由从比斯开湾诸港驶出的49艘潜艇组成。当时，德军潜艇已经拥有对付盟军飞机的有效武器——通气管。但可悲的是，"农夫"潜艇群中只有9艘潜艇改装了这样的通气管。由于盟国对法国铁路的空中轰炸，大批改装用的配件还成包地堆在货场中，无法运出。况且这些潜艇即使突破了盟军空中的巡逻网，还要受到大约300艘驱逐舰、护卫舰和反潜拖网渔船的攻击。

在"农夫"潜艇群的驻泊基地中，布列斯特距诺曼底最近。从布列斯特出航的共有 15 艘潜艇，其中 7 艘幸运地装上了通气管，可以一直潜航到英吉利海峡；其余 8 艘只能在夜间浮出水面充电，以便保持充足的电能，天亮后潜航。6 日夜，8 艘潜艇排成一路纵队，消失在夜幕中。没过多久，激战便开始了。U–415 号潜艇艇长韦尔纳海军中尉在日志中描述了当时惨烈的战斗情形：

月夜晴朗，能见度非常好，在布列斯特附近脱离护航，航向 270，全速航行。尾后的 U–256 号潜艇受到攻击，我方也开了火。U–256 号击落 1 架敌机。我艇周围都是雷达信号，强度 3~4 级。突然，右舷的雷达信号增强。1 架"桑德兰"式飞机出现，并从右舷 40 度发起攻击。我艇马上开火，飞机在我艇前方扔下 4 枚深水炸弹。

不一会儿，就听见潜艇中部发出了 4 声爆炸声。爆炸的气浪把潜艇抛出了水面，艇员被震倒在甲板上，随后又落回了水面，巨大的水柱把成吨的海水从舱口灌入潜艇。全完了，2 台柴油机停止转动，舵机卡在右舷不动了。潜艇变成了弓形，逐渐失去速度……成了易于攻击的目标。

后来，韦尔纳的机械师修复了柴油机，U–415 号潜艇和另一艘受伤的 U–256 号潜艇结伴返回了布列斯特港。当夜，有 7 艘德军潜艇遭到攻击，2 艘沉没，3 艘受伤返航。尽管如此，仍然有 42 艘德军潜艇驶出了比斯开湾，前往英吉利海峡。

6 月 7 日夜晚，U–970 号潜艇遭"桑德兰"式飞机攻击后沉没，U–629

号和U-273号潜艇则被"利贝列达"式飞机击沉。

6月8日凌晨，加拿大的1架"解放者"式飞机关闭雷达后，用最大的速度飞向1艘德军潜艇。飞机在潜艇上空12米处掠过时，投下6颗深水炸弹，将潜艇彻底炸碎。10分钟后，这架飞机从月光处钻出，关闭雷达，用6颗深水炸弹击沉了另一艘德军潜艇。

这样一来从布列斯特出发的8艘没有安装通气管的潜艇只剩下4艘。仅剩的4艘潜艇在8日清晨遭遇英军飞机。U-413号潜艇与1架飞机展开激战。潜艇重创了飞机，飞机也重创了潜艇，各自返回基地。其余3艘潜艇在接下来的几天里，一一被盟军的飞机击沉。尽管遭到重大损失，没有装通气管的潜艇仍然无法靠近英吉利海峡。剩下的22艘没装通气管的德军潜艇努力摆脱盟军飞机，又有5艘受损，1艘沉没。

6月15日，德军潜艇抵达英吉利海峡。U-767号潜艇在兰斯茵角附近击沉了1艘驱逐舰，U-764号击沉了1艘驱逐舰，但随即被击成重伤。3天之后，U-767号潜艇遭到3艘驱逐舰的围攻，最终葬身海底。

德军潜艇阻止英美盟军登陆的行动，一直持续到U-621号潜艇在诺曼底附近海域击沉1艘登陆舰而告一段落。从这以后，潜艇无力再度出击，也没有取得任何战果，潜艇战只得停了下来。从挪威出发的潜艇，沿途不断遇到英国、加拿大和挪威军机的轮番攻击，从6月11日到24日共有4艘潜艇被击沉。

6月18日，1架美国"解放者"式飞机发现1艘德军潜艇喷出的烟雾，随后发现了潜艇的通气管。飞机投下深水炸弹，但没能重创该潜艇。

6月底，12艘德军潜艇从比斯开湾向盟军登陆地点诺曼底海域靠拢，抵达目的地时仅剩下3艘。潜艇群尽管受到盟军海空火力的猛烈攻击，仍然进行了顽强反击。U-948 号潜艇在西尔塞比尔外海击沉 3 艘盟军舰船，并击伤 1 艘驱逐舰，迫使其东航返回到出发港口。

7 月 4 日，U-390 号潜艇击沉 1 艘盟军登陆舰，次日遭到反击被击沉。

7 月 6 日，U-763 号潜艇在西尔塞比尔外海展开攻击时，被英国 1 艘驱逐舰盯上。该舰向 U-763 号潜艇投放了 550 枚深水炸弹，一路追踪长达 30 个小时。U-763 号潜艇被赶入浅海水域，艇底不止一次擦到了海底。7 日清晨，盟军驱逐舰终于放弃追击扬长而去，U-763 号潜艇终于能松口气了。

7 月 11 日，盟军 1 架飞机发现了 1 艘德军潜艇的通气管。潜艇接收了飞机的雷达厘米波，连忙下潜，由于艇艏下潜太快，艇艉伸出了水面。飞机趁机炸毁艇艉，潜艇随之沉没。与此同时，英军航空兵与从挪威和德国各基地出发的德军潜艇展开了空潜战。

7 月份，进入英吉利海峡的德军潜艇没有占到什么便宜。继 6 月份损失 7 艘潜艇之后，7 月至 8 月初，又有 8 艘德军潜艇被击沉。这个数字为全部出动潜艇的三分之二，约有 750 名潜艇官兵与潜艇同归于尽。尽管如此，志愿参加潜艇部队的德国青年仍然十分踊跃。在阻止盟军登陆作战的激烈战斗中，邓尼茨曾感慨万分地说："潜艇官兵身上所表现出的坚忍不拔的顽强精神令我深深感动。我觉得这些人比我更有勇气……"

从数目上来说，潜艇所取得的战果并不惊人。它们先后击沉 12 艘运输船、4 艘登陆舰、5 艘护卫舰，重创 5 艘运输舰、1 艘护卫舰、1 艘登陆舰。德军潜艇本身也损失惨重。与之前的作战相比，邓尼茨认为这次反盟军登陆作战的战果不坏。尽管潜艇无法从根本上阻止盟军登陆，但至少已给了他们一定的打击，直接减轻了陆军反登陆作战的压力。

# ◎ 末代接班人

8月25日，盟军从法西斯德国手中夺回了巴黎，德军潜艇部队永远失去了他们在二战初期所创立的这个最大规模的"狼穴"。

盟军进军巴黎

8 月底，U-482 号德军潜艇没有被军舰或者飞机发现，击沉了 5 艘商船，随后偷偷地溜回了挪威基地。

1944 年夏季，盟国得知德国建造新型潜艇的计划。对于潜艇建造来讲，最重要的是中德运河，因为巨大的潜艇装配组件只能通过水路运送。在 1944 年秋季，中德运河遭到多次大规模轰炸。

9 月 23 日夜晚，盟军重型轰炸机炸毁了 1 个高架水渠，一段 10 公里长的运河河水通过炸开的水渠流走了，很多货船搁浅。经过抢修，运河于 11 月重新开放。然而，盟军的轰炸机再次对运河进行轰炸，德国人只好再次抢修。巨大的潜艇装配组件只能通过水路运送。许多地方的运河发生堵塞，建造潜艇的工作被迫转用铁路运输。使用铁路运输必须把装配组件拆成零部件，这样做完全失去了预制件的优点。为了增加潜艇的蓄电能力，共有 4 个工厂生产蓄电池。由于大规模战略轰炸，除了最小的工厂外，其他 3 个工厂被迫停产或者减产。

盟军的轰炸机对德国造船厂进行了连续的破坏性轰炸，而新潜艇的艇员必须接受训练，训练地点位于波罗的海，那里是英军航空兵的主要布雷区。英军使用的水雷入水后立即沉入海底，德国海军测定水雷的位置非常困难，而且无法用扫雷艇把它拖走。新型潜艇经过水雷上方时，水雷就会引爆，常常把艇体抬出水面，并将其折断。英国的水雷专家们研制了水雷定时器，可以使水雷在水中"休息"几天后才苏醒，致使德国海军无法测定。水雷专家们可以设定水雷的爆炸日期，还能使水雷在预定日期以后失效。1944 年，英军航空兵在德军潜艇训练区和潜艇基地周围布置了 7000 个水雷。水雷炸毁 4 艘德军潜艇。德军潜艇严格地沿着经常清扫的航道航行。

1944 年的最后 4 个月，德军潜艇在英国海岸仅击沉 14 艘商船，而经过英国海岸的商船多达 1.2 万艘。

　　1945 年 1 月底，苏联红军从东方发起大反攻，加上布雷及冰封了波罗的海的一些港口，这样一来，德国几乎失去了潜艇训练用的海域。新型潜艇在建造和服役以前，连续遭受盟军的破坏和摧残。

苏联红军在德国国会大厦前欢呼

　　2 月 18 日，德军 U-2324 号新型潜艇用鱼雷击沉了 1 艘轮船，2 枚鱼雷用光后，只好返回基地。在战争最后的两个半月中，又有 5 艘袖珍潜艇参战，击沉 6 艘商船。潜艇只要发动攻击，盟军就会投入大量的海空兵力进行报复。1945 年的前 5 个月中，有 30 多艘德军潜艇在英国附近海域被击沉。

　　1945 年初，德军 18 艘"海豹"型袖珍潜艇由艾莫伊登起航，对安特卫普港的盟国舰船发动了攻击。双人驾驶的"海豹"型袖珍潜艇重 15 吨，航程 300 海里；更小的是单人驾驶的"蝾螈"型潜艇，仅重 10 吨，只有一个电动机，航程为 50 海里；最小的是"海狸"型潜艇，重 6 吨多，动力为柴油机－电动机，航程为 100 海里。这三种袖珍潜艇都装有 2 枚鱼雷。"海豹"和"海狸"必须在水面上充电，"蝾螈"无法在海上充电。"海狸"型袖珍潜艇可以用大型飞机搭载。邓尼茨曾计划派大型飞机运载"海狸"封锁苏伊士运河，"海狸"的任务是击沉大型货船，用沉船堵住航道。后来，这个计划因种种原因没有实施。

英军护航舰艇击沉了 2 艘袖珍潜艇。由于大风暴和舰员缺乏训练德军又损失了 14 艘潜艇，它们只击沉了 1 艘拖网船。

3 月 11 日，1 架盟军飞机用深水炸弹炸沉了 1 艘在海面上充电的"海豹"型潜艇。从 1945 年 1 月初到德国投降，有 24 艘袖珍潜艇参战。这些袖珍潜艇击沉了 16 艘商船，共 19 万吨。105 艘袖珍潜艇无法返航，盟军的舰艇击沉了 50 艘，飞机击沉了 16 艘，剩下的袖珍潜艇因其他原因而沉没。盟国凭借数量庞大的反潜飞机和海上护航舰艇才使商船的损失降至 16 艘。当然，对盟国的海上交通运输构成最大威胁的仍然是普通的大型潜艇。

1945 年 4 月，东部战线上苏联红军的炮弹开始落到希特勒的元首府花园，西部战线的盟军也已经跨过莱茵河，逼近易北河。战局表明，希特勒和他的德意志第三帝国已是穷途末路。

4 月下旬，希特勒退隐到柏林帝国总理府的地下室。戈林作为希特勒指定的继承人，自以为希特勒在一次口授命令中已经明确授权他行使全部职权，并由他来结束战争。当他在无线电中要求确认这一新身份时，希特勒勃然大怒，下令将戈林作为叛徒进行逮捕。此时，在法西斯德国的所有军政要员中只有邓尼茨和戈培尔仍然效忠于希特勒，所以希特勒在自杀前决定由邓尼茨做自己的继承人。

4月30日，U-2511号潜艇从卑尔根港出发，它是德军最强的新型大潜艇。U-2511号潜艇通过北海时，与英国海军的1支反潜舰群相遇。U-2511号潜艇收回通气管，航速提高到16节，迅速通过。德军潜艇部队终于能够切断同盟国的海上运输线，然而为时已晚。

晚上，邓尼茨在荷尔斯泰因的普伦收到了来自柏林帝国总理府地下室的绝密电报。

邓尼茨海军元帅：

海军元帅先生，元首任命您，作为他的继承人代替前帝国元帅戈林。书面委任状已在途中，你必须立即采取适应当前形势的一切措施。

5月1日，即希特勒死后的第二天，邓尼茨在北德意志广播电台发表了讲话。

在这危急关头，元首确定我为他的继承人，我接受了这一领导德国人民的重任。我意识到我的责任重大，我的首要任务是拯救德国人民，使其免遭挺进中的布尔什维克敌人的歼灭。为了这个目的，战斗仍然继续进行。只要英国人和美国人阻止我们实现这个目标，我们必将继续抵抗并同他们继续作战。如今，美国人和英国人继续作战已不仅仅是为了他们本国人民的利益，而是为了在欧洲扩散布尔什维克主义。

与此同时，邓尼茨给德国国防军下达了如下命令。

元首指定我为他的继承人，担任国家元首和国防军最高司令。我接受了德国国防军的最高指挥权，决心将反对布尔什维克的战争进行到底，直到英勇奋战的部队及德国东部地区数十万家庭摆脱奴役或者毁灭。假如美国人和英国人对我们进行的反布尔什维克斗争横加阻挠，我将决心与之斗争到底。

为此，我要求所有将士遵守纪律，服从命令。你们只有不折不扣地执行我的命令，才能避免混乱与灭亡。今天谁要是因推卸责任而给我们的妇女和儿童带来死亡或奴役，谁就是懦夫和叛徒。你们中间的每一个人以前对元首的效忠誓言，从现在起适用于我——元首指定的继承人身上。

邓尼茨成为希特勒的继承人，大出德国人意料。因为这个人既不是法定的帝国继承人戈林，也不是阴险毒辣的希姆莱，更不是能言善辩的戈培尔，而是一位不久前还远离权力中心的海军元帅。

新任元首邓尼茨竭尽全力拖延全面投降的时间，力图在西部战线投降，在东部战线继续作战。然而，法西斯德国的气数已尽，邓尼茨的政府仅维持了一个星期，英美盟军和苏联红军就在易北河会师了。

5月8日，邓尼茨代表德国签署了无条件投降书。当德国宣布无条件投降的消息通过无线电波传到大西洋时，每一个在海上的盟国海军官兵和海员感到无比振奋。每一个人都在抖擞精神、整理舰容，为接受德军潜艇的投降而准备着。

易北河会师

德国签署无条件投降书

一艘艘潜艇浮出水面。然而，就在此时，盟军的无线电侦听部队多次接收到潜艇的明码讯号——彩虹。经验丰富的英国海军军官立即感到，一场不幸就要发生了。

18 年前，第一次世界大战结束时，已经投降并被拘留在英国斯卡帕弗洛基地的德军"大洋舰队"就是根据这样的呼号自沉在港内的。18 年后，历史再次重演。昔日纵横大西洋的"狼群"在留下一片片油迹和碎片之后突然消失了。盟军资料统计显示，德国投降时，其海军共有 407 艘潜艇，其中 224 艘在投降过程中自沉。

5 月 23 日，上任不到一个月的法西斯德国元首邓尼茨被盟军逮捕，最后在纽伦堡法庭上以战争罪被判 10 年徒刑。1956 年，邓尼茨刑满获释后，定居联邦德国，直到 1980 年去世，终年 89 岁。

一代枭雄黯然落幕，而他创造的"狼群"给世人留下了难以抹灭的印记，"狼群"战术更是世界军事史上的一大创举。